高等职业教育会计专业系列教材

新编会计基础实训

（第2版）

李章红　李佳楠　主　编
李婉琼　刘　琳　崔洪瑞　副主编
龙　文　参　编

微信扫描
获取课件等资源

南京大学出版社

内容简介

本书根据2019年4月1日起执行中华人民共和国第十三届全国人民代表大会第二次会议决定再次降低增值税税率的决定、2018年5月1日重新修订并实施的《中华人民共和国增值税暂行条例》的规定，以及中华人民共和国财政部颁布的最新会计准则体系的主要精神，对第1版中营业税方面的原始发票及相关原始凭证进行了更正，并收集了大量真实的企业经济业务交易案例及交易凭证。本书按照会计工作过程精心设计了6个项目，其中项目1至项目5为单项训练，项目6为会计基础知识完整经济业务训练。各项实训的安排与《会计学原理》或《会计基础》教材的体系、进度一致。

本书可作为应用型本科院校和高职高专院校财会专业的实训教材，也可作为相关专业及社会会计从业人员的参考书。

图书在版编目（CIP）数据

新编会计基础实训 / 李章红，李佳楠主编. -- 2版
. -- 南京：南京大学出版社，2020.6
ISBN 978-7-305-23251-0

Ⅰ. ①新… Ⅱ. ①李… ②李… Ⅲ. ①会计学－高等学校－教材 Ⅳ. ①F230

中国版本图书馆 CIP 数据核字(2020)第 079825 号

出版发行 南京大学出版社
社　　址　南京市汉口路22号　　　邮　编　210093
出 版 人　金鑫荣

书　　名　新编会计基础实训（第2版）
主　　编　李章红　李佳楠
策划编辑　胡伟卷
责任编辑　武　坦　　　　　编辑热线　025-83592315

印　　刷　南京理工大学资产经营有限公司
开　　本　787×1092　1/16　印张 17.25　字数 464千
版　　次　2020年6月第2版　2020年6月第1次印刷
ISBN 978-7-305-23251-0
定　　价　49.80元

网　　址　http://www.njupco.com
官方微博　http://weibo.com/njupco
微信服务号　njuyuexue
销售咨询热线：（025）83594756

* 版权所有，侵权必究

* 凡购买南大版图书，如有印装质量问题，请与所购图书销售部门联系调换

前言

会计工作是一项操作性很强的工作，要想做好这项工作，仅有扎实的理论知识是远远不够的，更重要的是如何将理论知识恰当地用于实践中。《新编会计基础实训》是《会计学原理》或《会计基础》的配套实训教材。本书按照2016年5月我国全面推行《营业税改征增值税试点实施办法》的最新规定，并根据2019年4月1日起执行的中华人民共和国第十三届全国人民代表大会第二次会议关于再次降低增值税税率的决定，用生动的实践案例作为背景资料，充分体现了任务驱动、项目导向，以及教、学、做一体化的教学思想，满足课程标准中有关能力目标培养的需要，突出对学生会计岗位基本技能、职业意识和职业习惯的培养。

本书在编写过程中，充分考虑了会计基础工作的特点及财会专业大学一年级新生学习任务的安排，并按照会计工作过程的主要环节设计了会计数字书写，会计基本知识，原始凭证，记账凭证，记账、对账和结账，财务报表和财务处理六大知识点。在教材结构上，每个实训项目均安排了实训目标要求、实训案例示范、实训项目内容、实训操作条件和实训详细资料，并配有相关的证、账、表，以供学生完成各个操作任务。

本书在编写过程中极力做到内容简明扼要，结构安排合理，具体有以下特色。

1. 内容新颖

以真实的工作目标作为项目，以完成项目的典型工作过程（环节、方法、步骤）作为任务，以任务引领知识、技能和方法，让学生在完成工作任务的过程中学习知识、训练技能，并获得实现目标所需要的职业能力。本书充分体现了项目导向、任务驱动的新理念。

2. 案例真实

每个项目以案例展开并贯穿于整个项目之中，打破长期以来理论与实践二元分离的局面，以任务为核心，配备相应的全真实训材料，便于在做中学、学中做，学做合一，实现理论与实践一体化教学。实训内容实用方便，操作上突出能力表现，学做合一。

3. 形成仿真

本书项目6以海口时宏实业有限公司一套具体、完整的经济业务为实训材料，以实例揭示现代企业会计工作中带有普遍性的财务问题。

4. 操作性强

根据高等职业教育学生就业岗位的实际情况，以会计岗位的各种业务为主线，以介绍工作流程中的各个程序和操作步骤为主要内容，围绕职业能力培养，注重内容的实用性和针对性，体现职业教育课程的本质特征。

5. 资源丰富

本书配有丰富的教学资源库，如习题答案、微课等，以便教师教学参考。

本书由丽江师范高等专科学校李章红、湖南民族职业学院李佳楠担任主编，由琼台师范学院李婉琼、北京农业职业学院刘琳、菏泽工程技师学院崔洪瑞担任副主编，参与编写的还有广州市市政职业学校龙文。具体分工如下：李佳楠编写项目1至3，李婉琼编写项目4，龙文编写项目5，李章红、刘琳、崔洪瑞编写项目6。全书由李章红统稿。

本书是湖南省教育科学"十三五"规划2020年度一般课题《"大智移云"时代高职会计专业复合型人才培养模式研究与实践》（课题编号ND205989）阶段性研究成果。

编者虽然力求使教材更具时效性、准确性，但由于水平有限，书中难免存在不足之处，恳请广大读者批评指正。

编　者

2020年4月

目 录

项目 1　会计基础知识入门 ·· 1
  实训 1.1　会计实务中数字大小写金额的书写 ··· 1
  实训 1.2　制定个人会计职业规划 ·· 2
  实训 1.3　会计基础实训考核、进度安排及必备材料 ······································ 3

项目 2　借贷记账法和账户的应用 ··· 6
  实训 2.1　划分会计要素 ·· 6
  实训 2.2　验证会计恒等式 ·· 7
  实训 2.3　计算会计账户余额 ·· 9
  实训 2.4　编写会计分录 ·· 12
  实训 2.5　编制试算平衡表 ·· 17

项目 3　填制与审核会计凭证 ·· 20
  实训 3.1　填制原始凭证 ·· 20
  实训 3.2　审核原始凭证 ·· 26
  实训 3.3　填制专用记账凭证 ·· 28
  实训 3.4　填制通用记账凭证 ·· 49
  实训 3.5　审核记账凭证 ·· 56
  实训 3.6　编制科目汇总表 ·· 60
  实训 3.7　整理与装订会计凭证 ·· 62

项目 4　设置与登记会计账簿 ·· 63
  实训 4.1　启用与建立会计账簿 ·· 63
  实训 4.2　登记日记账 ·· 65
  实训 4.3　登记明细账 ·· 69
  实训 4.4　登记总分类账 ·· 75
  实训 4.5　对账 ·· 84
  实训 4.6　更正错账 ·· 90
  实训 4.7　结账 ·· 95

项目 5　编制基本会计报表 …………………………………………………………… 99
　　实训 5.1　编制资产负债表 ……………………………………………………… 99
　　实训 5.2　编制利润表 …………………………………………………………… 106

项目 6　会计基础完整经济业务实训 …………………………………………………… 111

项目 1 会计基础知识入门

实训1.1　会计实务中数字大小写金额的书写

实训目标要求

能够正确书写阿拉伯数字及汉字大写数字、小写数字，做到书写规范、工整、清晰、流畅、准确及美观。

实训案例示范

汉字大写数字书写规范如图 1-1 所示。

零 壹 贰 叁 肆 伍 陆 柒 捌 玖 拾 佰 仟 万 亿

图 1-1　汉字大写数字书写规范

阿拉伯数字书写规范如图 1-2 所示。

1 2 3 4 5 6 7 8 9 0

图 1-2　阿拉伯数字书写规范

实训项目内容

（1）准备数字书写练习专用纸，训练书写阿拉伯数字和汉字大写数字。

（2）根据所给资料训练大、小写数字的书写。书写标准如下。

① 阿拉伯数字应当一个一个地写，不得连笔写。字体要各自成形，大小均衡，排列整齐，字迹工整、清晰。有圆的数字，如 6、8、9、0，圆圈必须封口。同行的相邻数字之间要空出半个阿拉伯数字的位置。每个数字要紧靠凭证或账表行格底线书写，字体高度占行格高度的 1/2 以下，不得写满格，以便留有改错的空间。书写 6 时要比一般数字向右上方长出 1/4，书写 7 和 9 时要比一般数字向左下方过底线长出 1/4。字体要自右上方向左下方倾斜地写，倾斜度约 60°。

② 汉字大写数字要以正楷或行书字体书写，不得连笔写。不允许使用未经国务院公布的简化字或谐音字。大写数字一律用"壹、贰、叁、肆、伍、陆、柒、捌、玖、拾、佰、仟、万、亿、元、角、分、零、整"等。不能用"毛"代替"角"、"另"代替"零"。字体要各自成形，大小匀称，排列整齐，字迹要工整、清晰。

实训操作条件

需要配备蓝（黑）会计专用笔、会计数字书写练习用纸或账页。

实训详细资料

1. 将下面的大写金额用小写金额表示

（1）人民币肆佰叁拾捌元壹角玖分　　　　￥_____
（2）人民币捌万叁仟伍佰柒拾元零陆分　　￥_____
（3）人民币陆佰贰拾壹万捌仟元整　　　　￥_____
（4）人民币伍万元零玖角整　　　　　　　￥_____
（5）人民币玖拾壹万陆仟叁佰柒拾元整　　￥_____

2. 将下面的小写金额用大写金额表示

（1）￥71 014.90　　　　人民币_____
（2）￥64 530.05　　　　人民币_____
（3）￥278 000.00　　　 人民币_____
（4）￥31 026.54　　　　人民币_____
（5）￥28 531.49　　　　人民币_____

实训1.2　制定个人会计职业规划

实训目标要求

每个同学根据学习的具体感受和本专业的具体特征，以及个人的具体情况制定出切合实际的个人会计职业生涯规划。

实训案例示范

会计职业生涯规划书

1. 社会环境现状分析

（1）一般社会环境现状：受我国高校扩招政策的影响，大学生毕业后面临的难以就业的问题越来越突出。即使找到工作，工作的压力也很大。因此，要不断地充实自己，改变自己。

（2）特殊社会环境现状：从事会计工作需要有严谨、认真、仔细的工作态度，并且要学法、懂法，认真仔细地对会计主体的每项具体经济业务进行账务处理，通过会计信息为企业的决策提供参考依据。

2. 自我条件现状分析

根据对自身的了解和学校及同学们的评价，发现自己在学习上的薄弱环节和不足之处，开拓创新思维，不断更新自己的知识，争取能很快地接受新事物。但有时候在会计知识学习上可能不够细心，导致效率不高。从事会计工作，粗心是大忌之一，因此一定要在今后的学习、生活、工作中不断完善自己，争取让自己成为一个严谨、细心、诚实、踏实的人，这能够使自己在和别人的沟通上更加顺畅，在工作中更加尽职尽责。

3. 个人规划

职业生涯大致可分为以下3个阶段。

第一阶段：努力学习阶段。

项目1 会计基础知识入门

大学是人生中一个重要的阶段,要充分把握大学短暂的3年时间,掌握必需的专业知识和技能。成功属于有准备的人,同学们在慢慢适应学习生活环境的过程中,还要注意树立长期发展目标,从个人兴趣爱好、思维方式、知识结构、拼搏精神等方面,全面、综合地制定、完善学习规划,为毕业后新一轮的职业挑战做好充分的思想准备。

大学一年级,要适应大学的生活,学会安排自己的学习时间和业余时间,学会提高自己的学习能力,脚踏实地学好基础课程;多参加学校活动,增加交流技巧,提高人际沟通能力,为毕业求职面试打好基础,并且在课余时间参加勤工俭学和社会实践活动。

大学二年级,加强专业课程的学习。会计专业的主要课程一般都设置在二年级,因此要充分利用好这段时间,全身心地投入到学习中去,全面掌握会计专业知识,并将会计知识与税法知识融会贯通,学熟、学透。

大学三年级,争取拿到会计从业资格考试合格证书和初级会计职称(初级会计师或助理会计师);还要不断增强英语口语能力和计算机应用能力,通过英语和计算机的相关证书考试,并且开始有选择地辅修其他专业的知识充实自己的知识广度;编写好个人求职材料、适当参加一些招聘会,在实践中检验自己的能力,预习或模拟面试,参加面试。

第二阶段:从业适应阶段。

从业阶段一般是毕业后一两年,这是个人能力和素质的培养阶段。同学们应该在毕业后1年内先找一份工作,从公司的出纳做起,在努力工作的同时,拓宽自己的知识面,并关注职称考试的相关信息;尽量通过中级职称考试,拿到会计师职称。在毕业后8年内,争取通过注册会计师考试,进一步提升自己的工作能力,处理好各种关系,争取升迁机会。

第三阶段:事业创新阶段。

通过几年的实践工作,努力提高工作能力、应变能力和团队协作能力;在工作中不断积累经验,培养自己敢想敢干的工作精神、成熟稳重的工作作风、认真严谨的工作态度、创新的工作理念,充分发挥自己的优势和才能;定期参加技能培训,避免知识的过时和滞后;通过自己的努力,在不断发展壮大的企业中做出自己的贡献,逐步达到自己事业的顶峰,争取做到CFO、CEO。

实训项目内容

准备稿纸或A4打印纸,在客观分析和评估会计职业形势和自身情况的基础上,完成会计职业生涯规划书的书写任务,字数在1 500字左右。

实训操作条件

会计手工实训室、实训基地、电子阅览室、图书馆。

实训1.3 会计基础实训考核、进度安排及必备材料

一、会计基础实训考核

会计基础实训结束后,教师应根据学生的实训成果(凭证、账册、报表等资料)及在实训过程中的具体表现评价学生会计基础实训的成绩。

评分参考标准如下。

（1）分数等级：

优（90分及以上）、良（80~89）、中（70~79）、及格（60~69）、不及格（60分以下）。

（2）分数比例：

业务处理的正确性占60%、规范及整洁占25%、实训态度占15%。

二、会计基础实训进度安排

本实训以72学时为基础安排进度，教师可根据情况做适当的调整。

（1）原始凭证的填制与审核　　　16学时

（2）记账凭证的填制与审核　　　36学时

（3）登记账簿　　　　　　　　　12学时

（4）编制会计报表　　　　　　　6学时

（5）实训资料整理与装订　　　　2学时

三、会计基础实训必备材料

（1）记账黑色墨水钢笔:1支/人（学生自备）。

（2）记账红色墨水钢笔:1支/人（学生自备）。

（3）固体胶:1瓶/人（学生自备）。

（4）中号铁夹:2个/人（学生自备）。

（5）直尺（20 cm）:1个/人（学生自备）。

（6）通用记账凭证:60张/人=2本/人（学生自备）。

（7）会计凭证封皮（每张包括封面和封底）:2张/人（学生自备）。

（8）财会档案袋:1个/人（学生自备）。

（9）穿线锥子:2个/班（班级自备）。

（10）装订线:2卷/班（班级自备）。

（11）装订机:2个/班（学校实训室提供）。

（12）库存现金日记账账页:1张/人（教材已备）。

（13）银行存款日记账账页:1张/人（教材已备）。

（14）生产成本明细账账页:2张/人（教材已备）。

（15）一般纳税人应交增值税明细账账页:1张/人（教材已备）。

（16）数量金额式账（进销存账）账页:4张/人。

用于以下账簿：

①原材料（甲、乙材料）账页:2张/人（教材已备）。

②库存商品（A、B产品）账页:2张/人（教材已备）。

（17）多栏账账页:10张/人。

用于以下账簿：

①制造费用账页:1张/人（教材已备）。

②销售费用账页:1张/人（教材已备）。

③管理费用账页:1张/人（教材已备）。

④财务费用账页:1张/人（教材已备）。

⑤主营业务成本账页:1张/人（教材已备）。

⑥税金及附加账页:1张/人（教材已备）。

⑦ 营业外支出账页：1 张 / 人（教材已备）。
⑧ 所得税费用账页：1 张 / 人（教材已备）。
⑨ 主营业务收入账页：1 张 / 人（教材已备）。
⑩ 营业外收入账页：1 张 / 人（教材已备）。
（18）三栏账（借贷明细账）账页：29 张 / 人（教材已备）。
（19）科目汇总表：2 张 / 人（教材已备）。
（20）借贷总账页：31 张 / 人（教材已备）。
（21）资产负债表：2 张 / 人（教材已备）。
（22）利润表：2 张 / 人（教材已备）。

项目 2 借贷记账法和账户的应用

实训2.1 划分会计要素

实训目标要求

能够熟练划分企业会计六大会计要素，即资产、负债、所有者权益、收入、费用、利润。

实训案例示范

海口枫叶实业有限公司的资产、负债、所有者权益平衡表如表 2-1 所示。

表 2-1　　　　　　　　　　　资产、负债、所有者权益平衡表
2021 年 04 月 30 日　　　　　　　　　　　　　　　　　　　　　元

资　产	期末余额	负债和所有者权益	期末余额
库存现金	612	短期借款	20 000
银行存款	71 624	应付账款	17 900
应收账款	1 480	应交税费	1 523
其他应收款	800	实收资本	100 000
原材料	6 285	本年利润	17 372
周转材料	1 284		
库存商品	23 461		
固定资产	51 249		
合　计	156 795	合　计	156 795

实训项目内容

根据所提供的实训资料正确区分资产、负债、所有者权益，并计算各会计要素的合计数。

实训操作条件

在会计手工实训室进行，配备蓝（黑）笔、算盘或计算器。

实训详细资料

海口华远实业有限公司的资产、负债、所有者权益状况表如表 2-2 所示。

表 2-2

资产、负债、所有者权益状况表

2021 年 06 月 30 日　　　　　　　　　　　　　　元

项　目	资　产	权　益	
^	^	负债	所有者权益
1. 出纳保管的保险柜里的现金 2 000 元			
2. 存放在开户银行的款项 265 000 元			
3. 生产产品用的车间厂房 300 000 元			
4. 行政部门办公用房 250 000 元			
5. 销售产品运输用的卡车 150 000 元			
6. 正在装配过程中的车床 200 000 元			
7. 已经完工交付使用的车床 100 000 元			
8. 车间生产产品用的机器设备 600 000 元			
9. 存放在仓库中用于生产产品的材料 200 000 元			
10. 向椰美工厂赊购材料的未付款项 50 000 元			
11. 月末尚未缴纳的税费 15 000 元			
12. 股东三联公司投入的资本金 1 430 000 元			
13. 生产车间用的电脑 60 000 元			
14. 从银行借入的期限为 9 个月的款项 150 000 元			
15. 应收银河公司的货款 20 000 元			
16. 股东恒基公司投入的资本金 180 000 元			
17. 预收中辉工厂的货款 60 000 元			
18. 按工资一定比例提取的职工教育经费 21 500 元			
19. 企业购买的土地使用权 80 000 元			
20. 销售部经理王明预借的差旅费 3 000 元			
21. 从银行借入的期限为 3 年的款项 100 000 元			
22. 提取的法定盈余公积金 25 000 元			
23. 预付胜田公司材料款 15 000 元			
24. 购买的期限为 5 年的国库券 60 000 元			
25. 本月实现的利润总额 273 500 元			
合　　计	2 305 000	396 500	1 908 500

实训 2.2　验证会计恒等式

实训目标要求

能够从动态和静态两个方面掌握企业会计要素之间的数量平衡关系。

实训案例示范

海口佳雨实业有限公司的资产、负债、所有者权益平衡表如表 2-3 所示。

表 2-3　　　　　　　　　　　资产、负债、所有者权益平衡表
2021 年 06 月 30 日　　　　　　　　　　　　　　　　　　　　　元

资产	期初余额	本月增加	本月减少	期末余额	负债和所有者权益	期初余额	本月增加	本月减少	期末余额
库存现金	200	2 000	1 500	700	短期借款	1 800	4 100	1 000	4 900
银行存款	3 600	8 000	6 000	5 600	应付账款	800	2 000	800	2 000
应收账款	580	2 000		2 580	应交税费	2 000	1 600	2 000	1 600
其他应收款	400	1 000	400	1 000	实收资本	80 000			80 000
原材料	5 200	2 800	1 200	6 800	本年利润	15 540	2 000		17 540
周转材料	960		400	560					
库存商品	1 200	2 600	3 000	800					
固定资产	88 000			88 000					
合　计	100 140	18 400	12 500	106 040	合　计	100 140	9 700	3 800	106 040

实训项目内容

根据所给资料分析海口文成实业有限公司经济业务的发生对会计等式的影响，计算各项目的变化情况及其结果，编制该公司 2021 年 4 月月末资产、负债、所有者权益平衡表。

实训操作条件

在会计手工实训室进行，配备蓝（黑）笔、算盘或计算器及相关表单。

实训详细资料

海口文成实业有限公司的资产、负债和所有者权益平衡表如表 2-4 所示。

表 2-4　　　　　　　　　　　资产、负债、所有者权益平衡表
2021 年 03 月 31 日　　　　　　　　　　　　　　　　　　　　　元

资产	期末余额	负债和所有者权益	期末余额
库存现金	1 000	短期借款	50 000
银行存款	73 600	应付账款	2 800
应收账款	18 000	应交税费	2 000
其他应收款	2 600	实收资本	80 000
原材料	9 000	本年利润	29 600
周转材料	2 000		
库存商品	6 200		
固定资产	52 000		
合　计	164 400	合　计	164 400

海口文成实业有限公司 2021 年 4 月份发生如下经济业务。
（1）从银行提取现金 1 000 元备用。
（2）采购员从财务科预借差旅费 800 元，以现金支付。
（3）以银行存款支付上月所欠的各项税费 2 000 元。
（4）从银丰公司赊购甲材料，价值 6 000 元，货款尚未支付。
（5）从银行借入期限为 9 个月的款项 20 000 元。
（6）收回致顺公司所欠货款 10 000 元，存入银行。

（7）收到华才公司向本单位投入机器一台作为投入资本，价值30 000元。
（8）生产产品领用原材料2 000元。
（9）以银行存款归还所欠红映公司货款800元。
（10）生产车间完工产品入库，产品生产成本1 000元。

海口文成实业有限公司的资产、负债和所有者权益状况表如表2-5所示。

表2-5　　　　　　　　　　资产、负债、所有者权益状况表
2021年04月30日　　　　　　　　　　　　　　　　　　元

资　产	期初余额	本月增加	本月减少	期末余额	负债和所有者权益	期初余额	本月增加	本月减少	期末余额
库存现金					短期借款				
银行存款					应付账款				
应收账款					应付职工薪酬				
其他应收款					应交税费				
原材料					长期借款				
周转材料					实收资本				
生产成本					资本公积				
制造费用					盈余公积				
库存商品					本年利润				
固定资产					利润分配				
无形资产									
合　计	164 400	70 800	17 600	217 600	合　计	164 400	56 000	2 800	217 600

实训2.3　计算会计账户余额

▶ 实训目标要求

熟悉账户结构，能够进行账户余额的计算。

▶ 实训案例示范

海口佳伟实业有限公司的应收账款明细分类账如表2-6所示。

表2-6　　　　　　　　　　**应收账款　明细分类账**（实际格式）　　　　　　　　　　第3页

账户名称：应收账款——广州华联实业有限公司

2021年		凭证		摘要	借方	贷方	借或贷	余额
月	日	字	号		十万千百十元角分	十万千百十元角分		十万千百十元角分
01	10			承前页			借	8 0 0 0 0 0
	12	转字	07	未收货款	5 6 0 0 0 0		借	8 5 6 0 0 0 0
	15	银收	09	收回货款		3 0 0 0 0 0 0	借	5 5 6 0 0 0 0
	20	银收	10	收回货款		1 5 0 0 0 0 0	借	4 0 6 0 0 0 0

实训项目内容

根据所提供的海口佳伟实业有限公司的资料，计算每个账户的余额，并进行登记。实训时全部用明细分类表（简化格式）来代替明细分类账（实际格式）。

实训操作条件

在会计手工实训室进行，配备蓝（黑）笔、算盘或计算器。

实训详细资料

海口佳伟实业有限公司2021年4月份有关账户的记录如表2-7至表2-14所示。

表2-7　　　　　　　　　　　　　银行存款　日记账（简化格式）

账户名称：银行存款——中国建设银行海口大园支行　　　　　　　　　　　　　　　　　　　第5页

日　期	摘　要	借　方	贷　方	借或贷	余　额
04月01日	期初余额			借	180000
04月06日	本日发生额	84500			
04月06日	本日发生额		10000		
	本日合计	84500	10000	借	254500
04月18日	本日发生额		12000		
04月18日	本日发生额	30000			
	本日合计	30000	12000	借	272500
04月29日	本日发生额		28000		
04月29日	本日发生额	14000			
04月29日	本日发生额		11000		
	本日合计	14000	39000	借	247500
	本月合计	128500	61000	借	247500

表2-8　　　　　　　　　　　　　预付账款　明细分类（简化格式）

账户名称：预付账款——上海国腾商贸有限公司　　　　　　　　　　　　　　　　　　　　第9页

日　期	摘　要	借　方	贷　方	借或贷	余　额
04月01日	期初余额			借	30000
04月06日	本日发生额		20000	借	10000
04月11日	本日发生额	3800		借	13800
04月16日	本日发生额		2100	借	11700
	本月合计	3800	22100	借	11700

表2-9　　　　　　　　　　　　　其他应收款　明细分类（简化格式）

账户名称：其他应收款——昆明大方实业有限公司　　　　　　　　　　　　　　　　　　第17页

日　期	摘　要	借　方	贷　方	借或贷	余　额
04月01日	期初余额			借	2000
04月06日	本日发生额		1000	借	1000
04月11日	本日发生额	2600		借	3600
04月16日	本日发生额		2000	借	1600
	本月合计	2600	3000	借	1600

项目2 借贷记账法和账户的应用

表 2-10　　　　　　　　　固定资产　明细分类（简化格式）

账户名称：固定资产——专用设备　　　　　　　　　　　　　　　　　　　　　　　第 29 页

日　期	摘　要	借　方	贷　方	借或贷	余　额
04月01日	期初余额			借	180000
04月09日	本日发生额	30000		借	210000
04月13日	本日发生额		43600	借	166400
04月20日	本日发生额	65000		借	231400
04月28日	本日发生额		21800	借	209600
	本月合计	95000	65400	借	209600

表 2-11　　　　　　　　　累计折旧　明细分类（简化格式）

账户名称：累计折旧——专用设备　　　　　　　　　　　　　　　　　　　　　　　第 36 页

日　期	摘　要	借　方	贷　方	借或贷	余　额
04月01日	期初余额			贷	512000
04月06日	本日发生额	90000		贷	422000
04月11日	本日发生额		58000	贷	480000
04月16日	本日发生额	60000		贷	420000
	本月合计	150000	58000	贷	420000

表 2-12　　　　　　　　　应付账款　明细分类（简化格式）

账户名称：应付账款——西宁双立实业有限公司　　　　　　　　　　　　　　　　　第 42 页

日　期	摘　要	借　方	贷　方	借或贷	余　额
04月01日	期初余额			贷	20000
04月06日	本日发生额	10000		贷	10000
04月17日	本日发生额		14000	贷	24000
04月26日	本日发生额	8000		贷	16000
04月30日	本日发生额		1000	贷	17000
	本月合计	18000	15000	贷	17000

表 2-13　　　　　　　　　预收账款　明细分类（简化格式）

账户名称：预收账款——哈尔滨正达实业有限公司　　　　　　　　　　　　　　　　第 55 页

日　期	摘　要	借　方	贷　方	借或贷	余　额
04月01日	期初余额			贷	5000
04月06日	本日发生额		15000	贷	20000
04月11日	本日发生额	3000		贷	17000
04月16日	本日发生额	10000		贷	7000
04月16日	本日发生额		2000	贷	9000
	本月合计	13000	17000	贷	9000

表 2-14　　　　　　　　　　　实收资本　明细分类（简化格式）

账户名称：实收资本——北京星灿实业有限公司　　　　　　　　　　　　　　　　第 62 页

日　期	摘　要	借　方	贷　方	借或贷	余　额
04月01日	期初余额			贷	500000
04月06日	本日发生额	155000		贷	345000
04月11日	本日发生额		150000	贷	495000
04月16日	本日发生额	15000		贷	480000
	本月合计	170000	150000	贷	480000

实训2.4　编写会计分录

👉 **实训目标要求**

能够分析经济业务所涉及的会计科目，并会运用借贷记账法编写会计分录。

👉 **实训案例示范**

会计分录用纸如表 2-15 所示。

表 2-15　　　　　　　　　　　会计分录用纸　　　　　　　　　　　　　　　　　元

日　期	摘　要	总账科目	明细科目	借方金额	贷方金额
11月05日	收回前欠货款	银行存款		60000	
		应收账款	旺盛公司		60000
11月09日	职工李旺预借差旅费	其他应收款	李旺	1000	
		库存现金			1000

👉 **实训项目内容**

（1）准备开设 T 形账户用纸，根据所给资料，开设 T 形账户，登记期初余额。

（2）准备会计分录用纸，运用借贷记账法编写会计分录，根据会计分录登记有关 T 形账户，并计算本期发生额和期末余额。

👉 **实训操作条件**

在会计手工实训室进行，配备蓝（黑）色水笔、算盘或计算器。

👉 **实训详细资料**

（1）海口胜天实业有限公司 2021 年 7 月月初有关账户的余额如表 2-16 所示。

表 2-16　　　　　　　　　　　期初余额表　　　　　　　　　　　　　　　　　元

资产类账户	期初余额	负债和所有者权益类账户	期初余额
库存现金	6 000	短期借款	20 000
银行存款	250 600	应付票据	
应收账款	21 500	应付账款	14 000
原材料	15 000	预收账款	

项目2 借贷记账法和账户的应用

(续表)

资产类账户	期初余额	负债和所有者权益类账户	期初余额
周转材料	7 500	应付职工薪酬	
其他应收款		应交税费	2 600
应收票据		其他应付款	
预付账款		长期借款	30 000
制造费用		应付债券	
生产成本		实收资本	500 000
库存商品	90 000	资本公积	
固定资产	176 000	盈余公积	
无形资产		未分配利配	
合 计	566 600	合 计	566 600

期初余额表中的有关明细如下。

  银行存款——中国工商银行海口得胜支行 250 600元
  应收账款——顺中公司 4 000元
  应收账款——万国公司 9 000元
  应收账款——高大公司 8 500元
  原材料——乙材料 15 000元
  周转材料——包装物 7 500元
  库存商品——B产品 90 000元
  固定资产——机器设备 176 000元
  短期借款——中国工商银行海口得胜支行（9个月期） 20 000元
  应付账款——大丰公司 8 000元
  应付账款——万向公司 6 000元
  应交税费——未交增值税 2 600元
  长期借款——中国工商银行海口得胜支行（5年期） 30 000元
  实收资本——加惠公司 500 000元

（2）海口胜天实业有限公司2021年7月份发生下列经济业务。

  ① 1日，购进乙材料一批，价值50 000元，增值税税率13%，进项税额6 500元，价税合计56 500元，材料验收入库，货款以银行存款支付。

  ② 2日，生产车间从仓库领用乙材料，价值41 000元，全部投入B产品生产。

  ③ 3日，采购员李可夫预借差旅费1 500元，以现金支付。

  ④ 4日，从银行提取现金1 000元备用。

  ⑤ 5日，以现金300元支付公司行政办公费。

  ⑥ 8日，以银行存款缴纳上月税费2 600元。

  ⑦ 9日，以银行存款预付向利达公司购进八成新的机器设备部分款项2 000元。

  ⑧ 10日，以银行存款7 500元和现金500元偿还前欠大丰公司货款8 000元。

  ⑨ 11日，天明公司以土地使用权向本企业投资，评估价值160 000元。

  ⑩ 12日，销售B产品一批给田发公司，不含税售价60 000元，增值税税率13%，销项税额7 800元，收回货款40 000元存入银行，其余货款27 800元尚未收到。

⑪ 15 日，上述已销 B 产品的生产成本为 28 000 元，予以结转。

⑫ 16 日，以银行存款支付销售产品广告费 3 000 元。

⑬ 17 日，从银行借入期限为 3 年的款项 20 000 元，存入银行。

⑭ 18 日，购买华硕电脑 1 台，价值 5 800 元，以银行存款支付。

⑮ 19 日，收回顺中公司前欠货款 4 000 元，存入银行。

⑯ 22 日，以银行存款支付短期借款利息 500 元。

⑰ 23 日，采购员李可夫报销差旅费 1 200 元，收到其退回的现金 300 元。

⑱ 24 日，以银行存款购入包装物 700 元，已验收入库。

⑲ 25 日，生产车间一般耗用领用乙材料 900 元。

⑳ 26 日，从银行提取现金 18 700 元，备发工资。

㉑ 29 日，以现金支付职工工资 18 700 元。

㉒ 30 日，分配职工工资 18 700 元，其中，生产 B 产品工人工资 8 000 元，车间管理人员工资 2 000 元，企业行政人员工资 8 700 元。

㉓ 31 日，以现金支付车间一般耗用水电费 600 元。

㉔ 31 日，预收四达公司货款 5 000 元，存入银行。

㉕ 31 日，将制造费用 3 500 元转入"生产成本"账户。

㉖ 31 日，本月 B 产品已经完工入库，其生产成本为 52 500 元。

（3）运用借贷记账法编制海口胜天实业有限公司 2021 年 7 月份发生的经济业务的会计分录，并记录在会计分录用纸上。将 2021 年 7 月月初的余额及本月的发生额登记在与本实训有关的 T 形账户中，月初的余额及本月的发生额全部通过 T 形账户反映，并计算本期发生额和期末余额。

会计分录用纸如表 2-17 所示。

表 2-17　　　　　　　　　　会计分录用纸　　　　　　　　　　　　　　　　元

序号	日　期	摘　要	总账科目	明细科目	借方金额	贷方金额
01	07 月 01 日	购进乙材料	原材料	乙材料	50 000.00	
			应交税费	应交增值税（进项税额）	6 500.00	
			银行存款	工商银行海口得胜支行		56 500.00
02	07 月 02 日	生产领用乙材料	生产成本	B 产品（直接材料）	41 000.00	
			原材料	乙材料		41 000.00
03	07 月 03 日	采购员预借差旅费	其他应收款	李可夫	1 500.00	
			库存现金			1 500.00
04	07 月 04 日					
05	07 月 05 日					

(续表)

序号	日期	摘要	总账科目	明细科目	借方金额	贷方金额
06	07月08日	缴纳上月应缴税费	应交税费	未交增值税	2 600.00	
			银行存款	工商银行海口得胜支行		2 600.00
07	07月09日					
08	07月10日					
09	07月11日					
10	07月12日					
11	07月15日	结转已销B产品成本	主营业务成本	B产品	28 000.00	
			库存商品	B产品		28 000.00
12	07月16日					
13	07月17日					
14	07月18日					
15	07月19日					
16	07月22日	支付短期借款利息	财务费用	利息支出	500.00	
			银行存款	工商银行海口得胜支行		500.00
17	07月23日					
18	07月24日					

(续表)

序号	日 期	摘 要	总账科目	明细科目	借方金额	贷方金额
19	07月25日					
20	07月26日					
21	07月29日					
22	07月30日	分配职工薪酬	生产成本	B产品（直接人工）	8 000.00	
			制造费用	工资	2 000.00	
			管理费用	工资	8 700.00	
			应付职工薪酬	工资		18 700.00
23	07月31日					
24	07月31日					
25	07月31日					
26	07月31日	完工产品入库	库存商品	B产品	52 500.00	
			生产成本	B产品（直接材料）		41 000.00
			生产成本	B产品（直接人工）		8 000.00
			生产成本	B产品（制造费用）		3 500.00

附：与本实训有关的T形账户如图2-1所示。

库存现金　　　　　银行存款　　　　　应收账款

预付账款　　　　　其他应收款　　　　原材料

项目2　借贷记账法和账户的应用

周转材料	库存商品	固定资产

无形资产	生产成本	制造费用

短期借款	应付账款	合同负债

应付职工薪酬	应交税费	长期借款

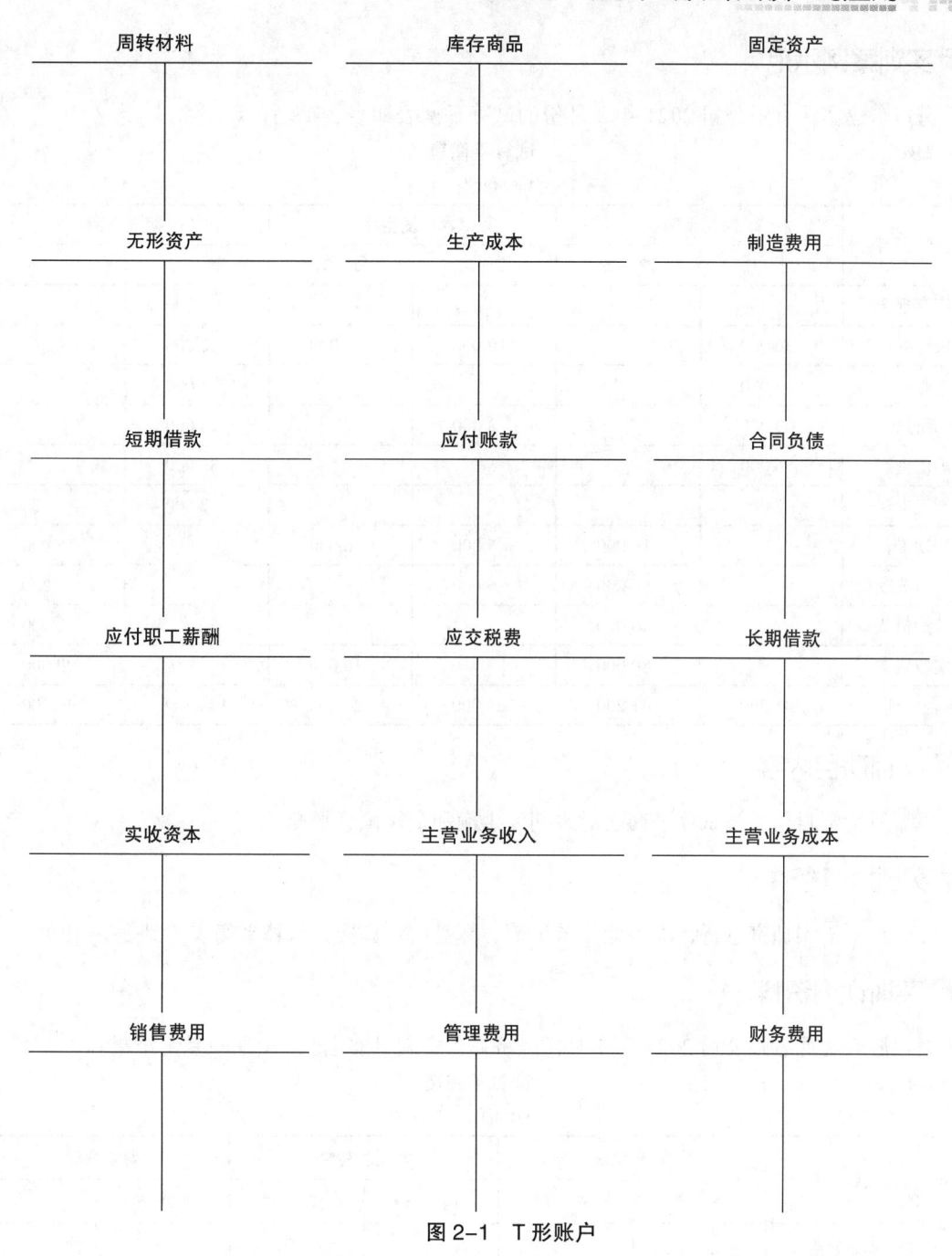

实收资本	主营业务收入	主营业务成本

销售费用	管理费用	财务费用

图 2-1　T形账户

实训2.5　编制试算平衡表

实训目标要求

能够理解借贷记账法的试算平衡原理，并编制试算平衡表。

实训案例示范

海口东建实业有限公司2021年3月份的试算平衡表如表2-18所示。

表2-18　　　　　　　　　　　　　　　　试算平衡表
2021年03月31日　　　　　　　　　　　　　　　　　　　　　　元

会计科目	期初余额 借方	期初余额 贷方	本月发生额 借方	本月发生额 贷方	期末余额 借方	期末余额 贷方
库存现金	200				200	
银行存款	30 000		10 000	8 000	32 000	
应收账款	4 000				4 000	
原材料	9 000		3 000		12 000	
固定资产	86 000				86 000	
无形资产	12 000				12 000	
短期借款		15 000	5 000	6 000		16 000
应付账款		6 200	6 000			200
长期借款		40 000				40 000
实收资本		80 000		10 000		90 000
合　计	141 200	141 200	24 000	24 000	146 200	146 200

实训项目内容

根据所给资料，通过试算平衡表对本期发生额和余额试算平衡。

实训操作条件

在会计手工实训室进行，配备蓝（黑）笔、算盘或计算器、试算平衡表（见表2-19）。

实训详细资料

海口胜天实业有限公司2021年7月份经济业务资料见实训2.4中账户登记结果。

表2-19　　　　　　　　　　　　　　　　试算平衡表
2021年07月31日　　　　　　　　　　　　　　　　　　　　　　元

序号	会计科目	期初余额 借方	期初余额 贷方	本期发生额 借方	本期发生额 贷方	期末余额 借方	期末余额 贷方
01	库存现金						
02	银行存款						
03	应收账款						
04	预付账款						
05	其他应收款						
06	原材料						
07	周转材料						

(续表)

序号	会计科目	期初余额 借方	期初余额 贷方	本期发生额 借方	本期发生额 贷方	期末余额 借方	期末余额 贷方
08	库存商品						
09	固定资产						
10	无形资产						
11	生产成本						
12	制造费用						
13	短期借款						
14	应付账款						
15	合同负债						
16	应付职工薪酬						
17	应交税费						
18	长期借款						
19	实收资本						
20	主营业务收入						
21	主营业务成本						
22	销售费用						
23	管理费用						
24	财务费用						
	合计	566 600	566 600	522 800	522 800	802 300	802 300

项目 3
填制与审核会计凭证

实训3.1　填制原始凭证

实训目标要求

能够按照原始凭证的填列要求正确填制各种原始凭证。一般企业的原始凭证按来源不同可分为外来原始凭证和自制原始凭证。填制原始凭证的基本要求如下。

（1）原始凭证的内容必须包括凭证的名称，填制凭证的日期，填制凭证单位的名称，填制人姓名，经办人员的签名或盖章，接收凭证单位的名称，经济业务的内容、数量、单价及金额。

（2）从外单位取得的原始凭证，必须盖有填制单位的公章；从个人取得的原始凭证，必须有填制人员的签名或盖章。自制原始凭证必须有经办单位领导人或其指定人员的签名或盖章，对外开出的原始凭证必须加盖本单位的公章。

（3）凡填有大、小写金额的原始凭证，其大、小写金额必须相符。购买实物的原始凭证，必须有验收证明；支付款项的原始凭证，必须有收款单位和收款人的收款证明。

（4）一式几联的原始凭证，应当注明各联的用途，只能以其中一联作为报销凭证。

（5）发生销售退回现象的，除须填制退货发票外，还必须有退货验收证明。退款时，必须取得对方的收款收据或汇款银行的凭证，不得以退货发票代替收款收据。

（6）职工因公外出所开具的借款凭据，必须附在记账凭证之后。收回借款时，应当另开收款收据或退还借据副本，不得退还原借款单。

（7）经上级有关部门批准的经济业务，应当将批准文件作为该项经济业务的原始凭证的附件。如果批准文件需要单独归档的，应当在凭证上注明批准机关名称、批准日期和文件字号。

实训案例示范

外来原始凭证，如增值税专用发票（见表 3-1）；自制原始凭证，如借款单（见表 3-2）、材料验收入库单（见表 3-3）。

项目3 填制与审核会计凭证

表 3-1

海南增值税专用发票　　　No 0045626

开票日期：2021年11月05日

购买方	名　　称：海口恒天实业有限公司 纳税人识别号：91460100767544183U 地　址、电　话：海口市永旺路36号 0898-68842157 开户行及账号：中国建设银行海口永旺支行 267405180135	密码区	（略）

货物或应税劳务、服务名称	规格型号	单位	数量	单价	金额	税率	税额
机床	XGRJ-39	台	2	8400.00	16800.00	13%	2184.00
合计					¥16800.00		¥2184.00

价税合计（大写）	⊗壹万捌仟玖佰捌拾肆元整	（小写）¥18984.00

销售方	名　　称：长沙华美机床制造有限公司 纳税人识别号：91430100787827279U 地　址、电　话：长沙市芙蓉路86号 0731-24289844 开户行及账号：中国建设银行长沙芙蓉支行 156495729547	备注	（发票专用章）

收款人：杨光　　复核：张友明　　开票人：王建　　销售方：(章)

第三联：发票联　购买方记账凭证

表3-2

借 款 单

2021年10月19日

部　　门	销售部	借款事由	赴湖南省长沙市参加新产品展销技术交流大会
借款金额	金额（大写）人民币 捌佰元整		（小写）¥800.00
批准金额	金额（大写）人民币 捌佰元整		（小写）¥800.00
领　　导	赵大勇	财务主管	陈信波	借款人	张日维

表3-3

材料验收入库单

供货编号：22611

供货单位：海口明道实业有限公司　　2021年11月19日　　入库仓库：1号

材料编号	材料名称	规　格	计量单位	数　量	单　价	金额/元	备　注
HTCL002	乙材料	YCL258	千克	1800	4.00	7200.00	转账支票
合　计				1800		7200.00	

仓储主管：李良兵　　验收：刘佳胜　　采购主管：王英汉　　采购员：张恩猛

👉 实训项目内容

准备空白原始凭证，根据所给资料填制各种原始凭证。

👉 实训操作条件

在会计手工实训室进行，配备蓝（黑）笔、算盘或计算器。

21

实训详细资料

1. 海口恒天实业有限公司的基本情况

海口恒天实业有限公司为增值税一般纳税人，增值税税率为13%。该生产企业设有行政管理部、财务部、采购部（供应部）、仓储部、生产部和销售部。生产部门有一个基本生产车间，生产A、B两种产品，制造费用按照产品生产工人工资比例进行分配。公司注册地址：海口市永旺路36号；联系电话：0898-68842157；开户银行：中国建设银行海口永旺支行；账号：267405180135，统一社会信用代码：914601007675441830U。

2. 海口恒天实业有限公司的主要人员

行政管理部，法定代表人（总经理）：赵大勇；副总经理：李德武。
办公室主任：张辉利；办公室文员：黄阳文。
财务部，财务主管：陈信波；会计：孙力光；出纳：刘丽娟。
采购部（供应部），采购主管：王英汉；采购员：张思猛。
仓储部，仓储主管（验收主管、发料主管）：李良兵。
仓储管理员（验收人、发料人）：刘佳胜。
生产部，车间主管：孙坚强；车间管理员：赵平致。
销售部，销售主管：杨言吉；销售管理员：张日维。

3. 海口恒天实业有限公司2021年度发生的经济业务

要求根据海口恒天实业有限公司发生的下列经济业务，将原始凭证中不完整的项目内容填写完整。

（1）2021年1月16日，签发现金支票一张，从银行提取现金1 500元，以备零用。填写现金支票，如表3-4所示。

表3-4

中国建设银行 现金支票存根 006754851	中国建设银行 现金支票　　006754851
附加信息	出票日期（大写）　　年　月　日　付款行名称： 收款人：　　　　　　　　　　　出票人账号： 人民币 （大写）　　　　　　　　　　亿千百十万千百十元角分
出票日期　年　月　日	
收 款 人	用途　　　　　　　　　　　密码
金　　额	上列款项请从 我账户内支付
用　　途	出票人签章　　　　　　　　复核　　　　记账
单位主管　　　会计	

（2）2021年2月3日，销售部张日维赴广州市参加商品展销会，经批准向财务部预借差旅费2 000元，出纳员审核无误后以现金付讫。填写借款单，如表3-5所示。

项目3 填制与审核会计凭证

表3-5

借 款 单

2021年02月03日

部　　门	销售部	借款事由	赴广东省广州市参加商品展销会
借款金额	金额（大写）人民币贰仟元整		（小写）¥2000.00
批准金额	金额（大写）人民币贰仟元整		（小写）¥2000.00
领　　导	赵大勇	财务主管 陈信波	借款人 张日维

（3）2021年3月24日，出纳员将当天的销售款85 600元现金存入银行（其中，面额100元的700张，面额50元的300张，面额10元的60张）。填制银行现金交款单，如表3-6所示。

表3-6　　　　　　　　　　　**中国建设银行　现金存款凭条**　　　　　　　　　总字16号

填送 2021年03月24日　　　开户银行：中国建设银行海口永旺支行　　　　　　　字3号

收款单位全称	海口恒天实业有限公司	款项来源	货款
账　　号	267405180135	亿千百十万千百十元角分	
人民币（大写）	捌万伍仟陆佰元整		¥ 8 5 6 0 0 0 0
货币种类	人民币		

经办员 刘丽娟
银行签章处　（中国建设银行海口永旺支行 2021.03.24）

单位主管 陈信波　　　会计 孙力光　　　复核 陈方洋　　　记账 王黎明

（4）2021年4月28日，开出转账支票30 000元，向海口宏利工厂预付材料款。要求：填写转账支票，如表3-7所示。

表3-7

中国建设银行 转账支票存根 006754898 附加信息 _____ _____ 出票日期　年　月　日 收款人： 金　额： 用　途： 单位主管　　会计	付款期限自出票之日起十天	**中国建设银行 转账支票**　　006754898 出票日期（大写）　　年　月　日　付款行名称： 收款人：　　　　　　　　　　　　出票人账号： 人民币 ＿＿＿＿＿＿＿＿＿＿　亿千百十万千百十元角分 （大写） 用途　　　　　　　　　　　　　密码 ＿＿＿＿ 上列款项请从　　　　　　　　　行号 ＿＿＿＿ 我账户内支付 出票人签章　　　　　　　　复核　　　　记账

（5）2021年5月8日，从本市海口胜利工厂购进甲材料100千克，不含税单价6元/千克，增值税102元，开出转账支票付款，材料验收入库。填制材料验收入库单，如表3-8所示。

表3-8　　　　　　　　　　　　　　材料验收入库单
供货编号：22611
供货单位：海口胜利工厂　　　　　2021年05月08日　　　　　　　入库仓库：1号

材料编号	材料名称	规格	计量单位	数量	单价	金额/元	备注
HTCL001	甲材料	GCL375	千克	100	6.00	600.00	转账支票
合　计				100		600.00	

仓储主管：李良兵　　　验收：刘佳胜　　　采购主管：王英汉　　　采购员：张恩猛

（6）2021年6月9日，销售部张日维赴广州市参加商品展销会归来，报销差旅费1 850元，退回现金150元。要求：出纳开出收据，如表3-9所示；报销人填制差旅费报销单，如表3-10所示。

表3-9　　　　　　　　　　　　　　收款收据
　　　　　　　　　　　　　　收款日期：2021年06月09日　　　　　　　　　　　　　No.23401

今收到：	销售部张日维
交　来：	报销预借差旅费、退还剩余款项
人民币（大写）壹佰伍拾元整	（小写）¥150.00
备注：现金收讫	

收款单位：　　　　　收款人：　　　　　　　　　　经办人：孙力光

表3-10　　　　　　　　　　　　　　差旅费报销单
部门：销售部　　　　　　　　　　　2021年06月09日

姓名	张日维			出差事由		参加商品展销会			出差自 2021年02月03日			共6天	
									至 2021年02月08日				
起讫时间及地点				车船票		夜间乘车补助费		出差乘补费		住宿费		其他	
月	日	起	月	日	讫	类别	金额	时间	标准	金额	日数	标准	金额	金额	摘要	金额
02	03	海口	02	03	广州	飞机	380.00									
02	08	广州	02	08	海口	飞机	380.00				6	15	90.00	1000.00		
小　计							760.00						90.00	1000.00		

合计金额（大写）：壹仟捌佰伍拾元整
备注：预借¥2000.00　　　核销¥1850.00　　　退补¥150.00
单位领导：赵大勇　　　财务主管：陈信波　　　审核：孙力光　　　填报人：张日维

（7）2021年7月5日，向海口世纪实业有限公司（增值税一般纳税人）销售A产品100件，每件34元（不含增值税），开具增值税专用发票。收到对方的转账支票一张，当日填写银行进账单送存银行。开具的增值税专用发票如表3-11所示，填制银行进账单，如表3-12所示。

说明：海口世纪实业有限公司的统一社会信用代码：91460107674914282U；开户银行及账号：中国工商银行海口高登支行203567789；地址：海口市祥云路120号；单位电话：0898-65885178。

表 3-11

海南增值税专用发票

发票联

№ 0045698

开票日期：2021年07月05日

购买方	名　　称：海口世纪实业有限公司 纳税人识别号：91460107674914282U 地 址、电 话：海口市祥云路120号 0898-65885178 开户行及账号：中国工商银行海口高登支行 203567789					密码区	（略）	
货物或应税劳务、服务名称	规格型号	单位	数量	单价	金额	税率	税额	
A产品		件	100	34.00	3400.00	13%	442.00	
合　计					¥3400.00		¥442.00	
价税合计（大写）	⊗叁仟捌佰肆拾贰元整				（小写）¥3842.00			
销售方	名　　称：海口恒天实业有限公司 纳税人识别号：91460100767544183U 地 址、电 话：海口市永旺路36号 0898-68842157 开户行及账号：中国建设银行海口永旺支行 267405180135					备注		

收款人：刘丽娟　　复核：陈信波　　开票人：孙力光　　销售方：（章）

第三联：发票联　购买方记账凭证

表3-12

中国建设银行 进账单（收账通知） 3

2021年07月05日

付款人	全　称	海口世纪实业有限公司	收款人	全　称	海口恒天实业有限公司
	账　号	203567789		账　号	267405180135
	开户银行	中国工商银行海口高登支行		开户银行	中国建设银行海口永旺支行
金额	人民币（大写）	叁仟玖佰柒拾捌元整		亿千百十万千百十元角分	¥397800
票据种类	转账支票	票据张数	1		
票据号码	BH006754854				
备注：				收款人开户银行签章	

复核 周彩利　　记账 张山民

此联是收款人开户银行交给收款人的收账通知

（8）2021年8月12日，基本生产车间生产A产品领用甲材料50千克，实际单价6元/千克。填写领料单，如表3-13所示。

表 3-13

领　料　单

领料部门：基本生产车间　　领料编号：18

领料用途：生产A产品　　2021年08月12日　　发料仓库：1号

材料类别	材料编号	材料名称	规　格	计量单位	数量 请领	数量 实领	单　价	金额/元
主要材料	HTCL001	甲材料	GCL375	千克	50	50	6.00	300.00
合　计					50	50	6.00	300.00

仓储主管：李良兵　　发料：刘佳胜　　车间主管：孙坚强　　领料人：赵平致

（9）2021年9月15日，从银行借款200 000元，借款期限6个月，用于生产周转。要求：填写借款凭证，如表3-14所示。

表3-14

中国建设银行　借款凭证

2021年09月15日　　　　　　　　　　　　　凭证号码：0154980

借款人	海口恒天实业有限公司	银行账号	267405180135								
借款金额	人民币（大写）贰拾万元整	千	百	十	万	千	百	十	元	角	分
		¥	2	0	0	0	0	0	0	0	0
用途	生产周转借款	期限 6个月	约定还款日期	2022年03月15日						
			贷款利（年）	6%　借款合同号码 20210906						

上列贷款已转入借款人指定的账户

（中国建设银行海口永旺支行 2021.09.15 转讫）

银行盖章（章）　　　　　　复核：陈信波　　　　　　记账：孙力光

实训3.2　审核原始凭证

👉 **实训目标要求**

能够根据会计法规和原始凭证的填制要求，审核原始凭证的合法性、准确性。

👉 **实训案例示范**

原始凭证实训示范案例见实训3.1的内容。

👉 **实训项目内容**

（1）根据所给资料审核原始凭证所反映的交易或事项是否合理、合法，同时审查原始凭证的内容是否完整，各项目填列是否齐全，数字计算是否正确，以及大、小写金额是否相符等。

（2）指出存在的问题。每一笔交易或事项所取得或填写的原始凭证中，至少有一处或多处错误，或者内容不完整。认真审核后，指出其中存在的问题，并指出修改处理意见及方法。

👉 **实训操作条件**

在会计手工实训室进行，配备蓝（黑）笔、算盘或计算器。

👉 **实训详细资料**

（1）2021年10月19日，采购员张思猛赴湖南省长沙市采购乙材料，填写借款单，并经主管领导批准，如表3-15所示。

项目3　填制与审核会计凭证

表3-15

借款单
2021年10月19日

部　　门	供应部	借款事由	赴湖南省长沙市采购乙材料
借款金额	金额（大写）人民币贰仟元整		（小写）¥2000.00
批准金额	金额（大写）人民币贰仟元整		（小写）¥2000.00
领　　导		财务主管	陈信波	借款人	张恩猛

（2）2021年11月18日，基本生产车间生产B产品领用甲材料40千克，实际单价6元/千克；领用乙材料30千克，实际单价4元/千克。所填制的领料单如表3-16所示。

表3-16

领　料　单

领料部门：基本生产车间　　　　　　　　　　　　　　　　　　　领料编号：18
领料用途：生产B产品　　　　　　2021年11月18日　　　　　　发料仓库：1号

材料类别	材料编号	材料名称	规　格	计量单位	数量 请领	数量 实领	单　价	金额/元
主要材料	HTCL001	甲材料	GCL375	千克	40	40	6.00	240.00
主要材料	HTCL002	乙材料	YCL258	千克	30	30	4.00	120.00
合　计								

仓储主管：李良兵　　　发料：刘佳胜　　　车间主管：孙坚强　　　领料：赵平致

（3）2021年12月9日，销售给海口东方实业有限公司A产品50件，单价34元/件，并开出增值税专用发票一张，如表3-17所示。同时收到海口东方实业有限公司签发的转账支票一张，送存银行，如表3-18所示。

表3-17　　　　　　　　　　海南增值税专用发票　　　　　　　No 0045630

开票日期：2021年12月09日

购买方	名　　称：海口东方实业有限公司 纳税人识别号：91460108675423467U 地　址、电　话：海口市祥云路130号 0898-66245287U 开户行及账号：中国建设银行海口玉池支行 460165891378					密码区		（略）	
货物或应税劳务、服务名称	规格型号	单位	数量	单价	金额		税率	税额	
A产品		件	50	34.00	1700.00		13%	221.00	
合　计					¥1700.00			¥221.00	
价税合计（大写）		⊗壹仟玖佰贰拾壹元整					（小写）¥1921.00		
销售方	名　　称：海口恒天实业有限公司 纳税人识别号：91460100767544183U 地　址、电　话：海口市永旺路36号 0898-68842157 开户行及账号：中国建设银行海口永旺支行 267405180135					备注			

收款人：刘丽娟　　　复核：陈信波　　　开票人：孙力光　　　销售方：（章）

第三联：发票联　购买方记账凭证

表3-18

中国建设银行　进账单　（收账通知）　　3

2021年12月09日

付款人	全称	海口东方实业有限公司	收款人	全称	海口恒天实业有限公司	此联是收款人开户银行交给收款人的收账通知
	账号	460165891378		账号	267405180135	
	开户银行	中国建设银行海口玉池支行		开户银行	中国建设银行海口永旺支行	

金额	人民币（大写）	壹仟玖佰捌拾玖元整	亿千百十万千百十元角分 ¥ 1 9 8 9 0 0

票据种类	转账支票	票据张数	1
票据号码	BH006765157		

备注：

复核 周影　　记账 张山　　　　收款人开户银行签章（中国建设银行海口永旺支行 2021.12.09 转讫）

实训3.3　填制专用记账凭证

实训目标要求

能够依据审核无误的各类原始凭证，正确编制专用记账凭证。专用记账凭证分为收款凭证、付款凭证和转账凭证。收款凭证又可分为现金收款凭证和银行收款凭证，付款凭证又可分为现金付款凭证和银行付款凭证，与现金和银行无关的凭证称为转账凭证。填制专用记账凭证的基本要求如下：

（1）专用记账凭证的内容必须包括填制凭证的日期、凭证编号、经济业务摘要、会计科目、金额、所附原始凭证张数、填制凭证人员、稽核人员、记账人员、会计机构负责人、会计主管人员的签名或盖章。收款专用记账凭证和付款专用记账凭证还应当有出纳人员签名或盖章。

（2）填制专用记账凭证时，应当对专用记账凭证进行连续编号。一笔经济业务需要填制两张以上专用记账凭证的，可以采用分数编号法进行编号。

（3）专用记账凭证可以根据每一张原始凭证填制，也可以根据若干张同类原始凭证汇总填制，还可以根据原始凭证汇总表填制。但是，不得将不同内容和类别的原始凭证汇总填制在一张专用记账凭证上。

（4）除结账和更正错误的专用记账凭证可以不附原始凭证外，其他专用记账凭证必须附有原始凭证。如果一张原始凭证涉及几张专用记账凭证，可以把原始凭证附在一张主要的专用记账凭证后面，并在其他专用记账凭证上注明附有该原始凭证的专用记账凭证的编号或附原始凭证复印件。

（5）一张原始凭证上所列的支出费用需要几个单位共同负担的，应当将其他单位负担的部分，开给对方原始凭证分割单，进行结算。原始凭证分割单必须具备原始凭证的基本内容，包括凭证名称，填制凭证日期，填制凭证单位名称或填制人姓名，经办人的签名或盖章，接收凭证单位名称，经济业务的内容、数量、单价、金额及费用分摊情况等。

（6）如果在填制专用记账凭证时发生错误，应当重新填制。已经登记入账的专用记账凭证，

项目3 填制与审核会计凭证

在当年内发现填写错误时，可以用红字填写一张与原内容相同的专用记账凭证，在"摘要"栏内注明"注销某月某日某号凭证"字样，同时再用蓝字重新填制一张正确的专用记账凭证，并注明"更正某月某日某号凭证"字样。如果会计科目没有错误，只是金额错误，可以以正确数字与错误数字之间的差额另外填制一张调整的专用记账凭证，调整增加金额的用蓝字，调整减少金额的用红字。发现以前年度记账凭证有错误的，应当用蓝字填制一张更正的专用记账凭证。

（7）专用记账凭证填制完经济业务事项后，如有空行，应当自"金额"栏最后一笔金额数字下的空行处至合计数上的空行处画线注销。

实训案例示范

专用记账凭证中的各类凭证的格式：现金收款专用凭证如表3-19所示，银行收款专用凭证如表3-20所示，现金付款专用凭证如表3-21所示，银行付款专用凭证如表3-22所示，转账专用凭证如表3-23所示。

表3-19　　　　　　　　　　　收款凭证
借方科目：库存现金　　　　　2021年12月05日　　　　　　现收字第3号

摘要	贷方科目		金额
	总账科目	明细科目	百十万千百十元角分
销售B产品16件	主营业务收入	B产品	4 6 4 0 0
单价29元/件，税率13%	应交税费	应交增值税（销项税额）	6 0 3 2
合计（附件2张）			¥ 　5 2 4 3 2

会计主管：陈信波　　审核：李德武　　记账：孙力光　　出纳：刘丽娟　　制单：刘丽娟

表3-20　　　　　　　　　　　收款凭证
借方科目：银行存款　　　　　2021年12月12日　　　　　　银收字第6号

摘要	贷方科目		金额
	总账科目	明细科目	百十万千百十元角分
销售A产品1480件	主营业务收入	A产品	5 0 3 2 0 0
单价34元/件，税率13%	应交税费	应交增值税（销项税额）	6 5 4 1 6 0
合计（附件2张）			¥ 5 6 8 6 1 6 0

会计主管：陈信波　　审核：李德武　　记账：孙力光　　出纳：刘丽娟　　制单：刘丽娟

表3-21　　　　　　　　　　　付款凭证
贷方科目：库存现金　　　　　2021年12月19日　　　　　　现付字第17号

摘要	借方科目		金额
	总账科目	明细科目	百十万千百十元角分
购买文件夹4个	管理费用	办公费	1 1 2 0 0
28元/个，税率13%	应交税费	应交增值税（进项税额）	1 4 5 6
合计（附件1张）			¥ 　1 2 6 5 6

会计主管：陈信波　　审核：李德武　　记账：孙力光　　出纳：刘丽娟　　制单：刘丽娟

表 3-22　　　　　　　　　　　　　付款凭证
贷方科目：银行存款　　　　　　　2021年12月25日　　　　　　　　　　银付字第36号

摘　要	借方科目		金　额
	总账科目	明细科目	百十万千百十元角分
购进甲材料4791千克	原材料	甲材料	2 8 7 4 6 0 0
6元/千克，税率13%	应交税费	应交增值税（进项税额）	3 7 3 6 9 8
合计（附件2张）			¥ 3 2 4 8 2 9 8

会计主管：陈信波　　审核：李德武　　记账：孙力光　　出纳：刘丽娟　　制单：刘丽娟

表 3-23　　　　　　　　　　　　　转账凭证
　　　　　　　　　　　　　　　　2021年12月31日　　　　　　　　　　转字第58号

摘　要	总账科目	明细科目	借　方	贷　方	记账
			百十万千百十元角分	百十万千百十元角分	
计提本月车间部门折旧	制造费用	折旧费	2 6 1 5 2 7		
计提本月销售部门折旧	销售费用	折旧费	5 6 3 1 9		
计提本月行政部门折旧	管理费用	折旧费	9 4 7 5 2		
计提本月固定资产折旧	累计折旧			4 1 2 5 9 8	
合计（附件1张）			¥ 4 1 2 5 9 8	¥ 4 1 2 5 9 8	

会计主管：陈信波　　审核：李德武　　记账：孙力光　　制单：刘丽娟

实训项目内容

（1）准备：收款专用凭证6张（本实训用4张）；付款专用凭证12张（本实训用9张）；转账专用凭证9张（本实训用8张）。

（2）根据所给原始凭证填制各种专用记账凭证。

实训操作条件

在会计手工实训室进行，配备蓝（黑）笔、算盘或计算器。

实训详细资料

1. 海口恒天实业有限公司的基本情况

海口恒天实业有限公司为增值税一般纳税人，增值税税率为13%，该生产企业设有行政管理部、财务部、采购部（供应部）、仓储部、生产部、销售部。生产部门有一个基本生产车间，生产A、B两种产品，制造费用按照产品生产工人工资比例进行分配。公司注册地址：海口市永旺路36号；联系电话：0898-68842157；开户银行：中国建设银行海口永旺支行；账号：267405180135，统一社会信用代码：91460100767544183U。

2. 海口恒天实业有限公司的主要人员

行政管理部，法定代表人（总经理）：赵大勇；副总经理：李德武。

办公室主任：张辉利；办公室文员：黄阳文。
财务部，财务主管：陈信波；会计：孙力光；出纳：刘丽娟。
采购部（供应部），采购主管：王英汉；采购员：张思猛。
仓储部，仓储主管（验收主管、发料主管）：李良兵。
仓储管理员（验收人、发料人）：刘佳胜。
生产部，车间主管：孙坚强；车间管理员：赵平致。
销售部，销售主管：杨言吉；销售管理员：张日维。

3. 海口恒天实业有限公司2021年12月份发生的部分交易或事项

根据所给的经济业务，补填原始凭证上不完整之处，再根据完整的原始原始凭证填制各种专用记账凭证。

（1）2021年12月1日，出纳员填写现金支票一张，从银行提取现金1 800元备用。附现金支票一张，只留存根联作为原始凭证，如表3-24所示。

表3-24

中国工商银行 现金支票存根 006754852	中国工商银行 现金支票　006754852
附加信息	出票日期（大写）　年　月　日　付款行名称： 收款人：　　　　　　　　　　出票人账号： 人民币（大写）　亿千百十万千百十元角分 用途　　　　　　　密码 上列款项请从我账户内支付 出票人签章　　　复核　　　记账
出票日期　年　月　日 收 款 人：海口恒天实业有限公司 金　　额：¥1800.00 用　　途：备用金 单位主管　　　会计	

（2）2021年12月2日，采购员张思猛申请出差，外出采购乙材料，填写借款单，并经有关人员签字同意，预借差旅费1 000元，以现金支付。借款单如表3-25所示。

表3-25　　　　　　　　　　　　　借　款　单
　　　　　　　　　　　　　　　　2021年12月02日

部　　门	供应部	借款事由	出差采购乙材料
借款金额	金额（大写）人民币壹仟元整	（小写）¥1000.00	
批准金额	金额（大写）人民币壹仟元整	（小写）¥1000.00	
领　　导	赵大勇	财务主管	陈信波	借款人	张思猛

（3）2021年12月4日，办公室主任张辉利以现金购买办公用品226元，收到增值税专用发票一张，如表3-26所示。

表 3-26

海南增值税专用发票　　　　　　　　　　　　　　　　　　　　　　　No 0045652

开票日期：2021年12月04日

购买方	名　　称：海口恒天实业有限公司 纳税人识别号：91460100767544183U 地　址、电　话：海口市永旺路36号 0898-68842157 开户行及账号：中国建设银行海口永旺支行 267405180135	密码区	（略）

货物或应税劳务、服务名称	规格型号	单位	数量	单价	金额	税率	税额
文件夹		个	20	10.00	200.00	13%	26.00
合　计					￥200.00		￥26.00

价税合计（大写）　⊗贰佰贰拾陆元整　　　　　　　　　　（小写）￥226.00

销售方	名　　称：海口大有文化用品有限公司 纳税人识别号：91460865874965546U 地　址、电　话：海口市长沙路126号 0898-29654230 开户行及账号：中国建设银行海口长宝支行 3519657412388	备注	（发票专用章）

收款人：张武丽　　　　　复核：李琦胜　　　　　开票人：王莹晗　　　　　销售方：（章）

第三联：发票联　购买方记账凭证

（4）2021年12月5日，从海口国丰实业有限公司购进甲材料120千克，每千克6元，增值税税率为13%，增值税进项税额93.60元，开出转账支票支付款项813.60元，材料验收入库。有关原始凭证如表3-27至表3-29所示。

表 3-27

中国建设银行 转账支票存根 006754899	中国建设银行 转账支票　　006754899
附加信息 _____ _____ 出票日期　　年　月　日 收 款 人： 金　　额： 用　　途： 单位主管　　　会计	出票日期（大写）　　年　　月　　日　　付款行名称：_____ 收款人：_____　　　　　　　　　出票人账号：_____ 人民币（大写）　｜亿｜千｜百｜十｜万｜千｜百｜十｜元｜角｜分｜ 用途：_____　　　　　密码_____ 上列款项请从　　　　　行号_____ 我账户内支付 出票人签章　　　　　复核　　　　　记账

32

项目3　填制与审核会计凭证

表 3-28

海南增值税专用发票　　　　　　　　　№ 0045658

开票日期：2021年12月05日

购买方	名　称：海口恒天实业有限公司 纳税人识别号：91460100767544183U 地　址、电话：海口市永旺路36号 0898-68842157 开户行及账号：中国建设银行海口永旺支行 267405180135	密码区	（略）

货物或应税劳务、服务名称	规格型号	单位	数量	单价	金额	税率	税额
甲材料	GCL375	千克	120	6.00	720.00	13%	93.60
合　计					¥720.00		¥93.60

价税合计（大写）　⊗捌佰壹拾叁元陆角零分　　　　（小写）¥813.60

销售方	名　称：海口国丰实业有限公司 纳税人识别号：91460100965546571U 地　址、电话：海口市大成路126号 0898-62554937 开户行及账号：中国银行海口大成支行 356906190258	备注	（发票专用章）

收款人：张武　　　复核：李琦　　　开票人：王莹　　　销售方：（章）

第三联：发票联　购买方记账凭证

表 3-29　　　　　　　　　**材料验收入库单**

供货编号：21617

供货单位：海口国丰实业有限公司　　2021年12月05日　　　　入库仓库：1号

材料编号	材料名称	规　格	计量单位	数　量	单　价	金额/元	备注
HTCL001	甲材料	GCL375	千克	120	6.00	720.00	转账支票
合　计				120		720.00	

仓储主管：李良兵　　验收：刘佳胜　　采购主管：王英汉　　采购员：张思猛

（5）2021年12月8日，采购员张思猛报差旅费730元，差旅费报销单如表3-30所示；2021年12月2日借款1 000元，退回现金270元，出纳员开具收据一张，如表3-31所示。

表 3-30　　　　　　　　　**差旅费报销单**

部门：供应部　　　　　　2021年12月08日

姓　名	张思猛	出差事由	采购乙材料	出差自 2021年12月02日 至 2021年12月07日		共5天	

起讫时间及地点				车船票		夜间乘车补助费		出差乘补费			住宿费	其他	
月	日	起	月	日	讫	类别	金额	时间	标准	日数	标准	金额	金额	摘要	金额
02	03	海口	02	03	三亚	动车	140								
02	07	三亚	02	07	海口	动车	140			5	50	250	200		
		小　计					280					250	200		

合计金额（大写）：柒佰叁拾元整

备注：预借¥1000.00　　核销¥730.00　　退补¥270.00

单位领导：赵大勇　　财务主管：陈信波　　审核：孙力光　　填报人：张思猛

表 3-31

收 款 收 据

收款日期：2021年 12 月 08 日　　　　　　　　　　　　　　　No.23401

今收到：	供应部张思猛
交　来：	报销预借差旅费、退还剩余款项
人民币（大写）：	贰佰柒拾元整　　　　　　　（小写）¥150.00

备注：现金收讫

（盖章：海口百天实业有限公司 财务专用章）

收款单位：　　　　　　收款人：刘丽娟　　　　　　经办人：孙力光

（6）2021 年 12 月 9 日，从海口中宇机床制造有限公司购买机床 2 台，不含税购买价款为 4 000 元，增值税税率为 13%，增值税进项税额为 520 元，开出转账支票支付货款，如表 3-32 所示；取得增值专用发票，如表 3-33 所示；填制固定资产交付使用单，如表 3-34 所示。

表 3-32

中国建设银行 转账支票存根
006754900

附加信息 _____

出票日期　年　月　日
收款人：
金　额：
用　途：
单位主管　　　会计

中国建设银行 转账支票　006754900

付款期限自出票之日起十天

出票日期（大写）　年　月　日　付款行名称：
收款人：　　　　　　　　　　　出票人账号：
人民币（大写）　　　　　　　亿千百十万千百十元角分
用途 _____　密码 _____
上列款项请从　　　　　　　行号 _____
我账户内支付
出票人签章　　　　　　复核　　　　记账

项目3　填制与审核会计凭证

表 3-33　　　　　　　　　　海南增值税专用发票　　　　　　　　　№ 0045667

开票日期：2021年12月09日

购买方	名　称：海口恒天实业有限公司 纳税人识别号：91460100767544183U 地　址、电　话：海口市永旺路36号 0898-68842157 开户行及账号：中国建设银行海口永旺支行 267405180135	密码区	（略）

货物或应税劳务、服务名称	规格型号	单位	数量	单价	金额	税率	税额
机床	XGRJ-42	台	2	2000.00	4000.00	13%	520.00
合　计					¥4000.00		¥520.00
价税合计（大写）	⊗肆仟伍佰贰拾元整				（小写）¥4520.00		

销售方	名　称：海口中宇机床制造有限公司 纳税人识别号：91460100783427362U 地　址、电　话：海口市滨涯路251号 0898-68475132 开户行及账号：中国建设银行海口滨涯支行 276432729551	备注	（海口中宇机床制造有限公司 发票专用章）

收款人：杨光　　　复核：张友明　　　开票人：王建　　　销售方：（章）

第三联：发票联 购买方记账凭证

表 3-34　　　　　　　　　　固定资产交付使用单

使用部门：生产部　　　　　　日期：2021年12月09日

设备名称	机床2台	设备编号	SB-112
规格型号	XGRJ-42	原始价值	8000.00元
精密程度	一级	预计使用年限	10年
生产单位	海口中宇机床制造有限公司	预计净残值	0
出厂日期	2021.12.01	交付使用日期	2021.12.09
验收项目	验收记录		负责人
运转状况	良好		陈臣
精度测试	良好		陈臣
达产程度	良好		陈臣
环境检查	良好		林飞
综合意见	可以投入使用		林飞

验收人：张有田　　　接受人：王峰　　　设备主管：黎明　　　财务主管：陈信波

（7）2021年12月10日，以电汇方式从济南基进实业有限公司购入甲材料70千克，单价6元/千克，不含增值税价款420元，增值税税率13%，进项税额54.60元，价税合计474.60元，已取得增值税专用发票，款项已汇出，材料尚未到达。电汇凭证如表3-35所示，增值税专用发票如表3-36所示。

35

表 3-35

中国建设银行 电汇凭证（回单）

委托日期 2021 年 12 月 10 日

□普通 □加急

汇款人	全称	海口恒天实业有限公司	收款人	全称	济南基进实业有限公司
	账号	267405180135		账号	661506270259
	汇出地点	海南省海口市/县		汇入地点	山东省济南市/县
	汇出行名称	中国建设银行海口永旺支行		汇入行名称	中国建设银行济南二七支行

金额	人民币（大写） 肆佰柒拾肆元陆角整	千	百	十	万	千	百	十	元	角	分
							¥	4	7	4	6	0

支付密码

附加信息及用途：

（中国建设银行海口永旺支行 2021.12.10 转讫）

汇出行签章　　　复核：王一朵　　　记账：胡为真

表 3-36

山东增值税专用发票　　　No 0045686

开票日期：2021 年 12 月 10 日

购买方	名称	海口恒天实业有限公司
	纳税人识别号	91460100767544183U
	地址、电话	海口市永旺路 36 号 0898-68842157
	开户行及账号	中国建设银行海口永旺支行 267405180135

密码区 （略）

货物或应税劳务、服务名称	规格型号	单位	数量	单价	金额	税率	税额
甲材料	GCL375	千克	70	6.00	420.00	13%	54.60
合计					¥420.00		¥54.60

价税合计（大写）　⊗肆佰柒拾肆元陆角零分　　（小写）¥474.60

销售方	名称	济南基进实业有限公司
	纳税人识别号	91530102717834256U
	地址、电话	济南市二七路 29 号 0521-54255827
	开户行及账号	中国建设银行济南二七支行 661506270259

备注：（济南基进实业有限公司发票专用章）

收款人：李光明　　复核：吴中友　　开票人：王顺建　　销售方：（章）

第三联：发票联　购买方记账凭证

（8）2021 年 12 月 12 日，从济南基进实业有限公司购入的 70 千克甲材料运达企业，如数验收入库。收料单如表 3-37 所示。

表 3-37

材料验收入库单

供货编号：21617

供货单位：济南基进实业有限公司　　2021 年 12 月 12 日　　入库仓库：1 号

材料编号	材料名称	规格	计量单位	数量	单价	金额/元	备注
HTCL001	甲材料	GCL375	千克	70	6.00	420.00	转账支票
合计				70		420.00	

仓储主管：李良兵　　验收：刘佳胜　　采购主管：王英汉　　采购员：张思猛

（9）2021 年 12 月 15 日，收到海口云河实业有限公司投入企业注册资金 180 000 元的转账

项目3　填制与审核会计凭证

支票，已填写进账单连同支票一并送存银行，并以收到的进账单（收账通知）（见表3-38）为依据，开具收款收据，如表3-39所示。

表3-38　　　　　　　　中国建设银行　进账单　（收账通知）　　　　　　　3

2021年12月15日

付款人	全称	海口云河实业有限公司	收款人	全称	海口恒天实业有限公司	此联是收款人开户银行交给收款人的收账通知
	账号	452165893256		账号	267405180135	
	开户银行	中国建设银行海口蓝天支行		开户银行	中国建设银行海口永旺支行	

金额	人民币（大写）	壹拾捌万元整	亿千百十万千百十元角分 ¥ 1 8 0 0 0 0 0 0

票据种类	投资款	票据张数	1	收到海口云河实业有限公司投资款
票据号码	GSYH187265			

备注：

复核　周影利　　　记账　张山民　　　　　　　　　收款人开户银行签章

表3-39　　　　　　　　　　　收款收据

收款日期：2021年12月15日　　　　　　　　　　　　　　　　　No.23402

今收到：海口云河实业有限公司
交　来：投资款
人民币（大写）壹拾捌万元整　　　　　　　　（小写）¥180000.00
备注：银行登记　财务专用章

收款单位：　　　　　　收款人：刘丽娟　　　　经办人：孙力光

（10）2021年12月16日，从银行借款200 000元，借款期限6个月，利率6%，用于生产周转。填写借款凭证，如表3-40所示。

表3-40　　　　　　　　　中国建设银行　借款凭证

2021年12月16日　　　　　　　　　　　　　　　　凭证号码：0154980

借款人	海口恒天实业有限公司	银行账号	267405180135

借款金额	人民币（大写）贰拾万元整	千百十万千百十元角分 ¥ 2 0 0 0 0 0 0 0

用途	生产周转借款	期限	6个月	约定还款日期	2022年06月15日
		贷款利率（年）	6%	借款合同号码	20211216

上列贷款已转入借款人指定的账户

银行签章（章）　　　复核：张越秀　　　　　　　记账：刘项路

（11）2021年12月17日，签发转账支票，如表3-41所示。偿还前欠海口兴盛实业有限公司货款60 000元，并收到海口兴盛实业有限公司开具的收款收据，如表3-42所示。

37

表 3-41

中国建设银行 转账支票存根 006754901	中国建设银行 转账支票　006754901

（左联：转账支票存根）
附加信息 _____
出票日期　年　月　日
收款人：
金　额：
用　途：
单位主管　　会计

（右联：转账支票）
出票日期（大写）　年　月　日　付款行名称：
收款人：　　　　　　　　　　　出票人账号：
人民币（大写）　　　　亿千百十万千百十元角分
付款期限自出票之日起十天
用途 _____　　密码 _____
上列款项请从　　　　　　　行号 _____
我账户内支付
出票人签章　　　　　复核　　　　记账

表 3-42

收款收据
收款日期：2021年 12 月 17 日　　　　No.23403

今收到：海口恒天实业有限公司 _____
交　来：偿还货款 _____
人民币（大写）陆万元整 _____（小写）¥60000.00
备注：银行收讫
（财务专用章）
收款单位：　　　　收款人：刘丽娟　　　经办人：孙力光

（12）2021 年 12 月 18 日，通过银行以信汇方式，向武汉光明实业有限公司信汇预付采购乙材料的订货款 50 000 元，如表 3-43 所示。武汉光明实业有限公司收到订金，同时开具收款收据，如表 3-44 所示。

表 3-43　　　　中国建设银行　信汇凭证（回单）　　　　1
□普通 □加急　　委托日期 2021 年 12 月 18 日

汇款人	全　称	海口恒天实业有限公司	收款人	全　称	武汉光明实业有限公司
	账　号	267405180135		账　号	3715012705631
	汇出地点	海南省海口市/县		汇入地点	湖北省武汉市/县
	汇出行名称	中国建设银行海口永旺支行		汇入行名称	中国建设银行武汉洪山支行
金额	人民币（大写）伍万元整				千百十万千百十元角分 ¥5 0 0 0 0 0 0

支付密码 _____
附加信息及用途：订货款
（汇出行签章：中国建设银行海口永旺支行 2021.12.18 转讫）
复核：王一朵　　记账：胡为真
汇出行签章

项目3 填制与审核会计凭证

表3-44

收款收据

收款日期：2021年12月18日　　No.23404

今收到：海口恒天实业有限公司

交　来：采购乙材料的订货款

人民币（大写）伍万元整　　　　　　　　　　（小写）¥50000.00

备注：银行收讫

收款单位：　　　　收款人：刘丽娟　　　　经办人：孙力光

（13）2021年12月22日，开出转账支票支付销售A产品的广告费858.60元，如表3-45所示。收到海口银光广告有限公司开具的增值税专用发票，如表3-46所示。

表3-45

中国工商银行 转账支票存根 006754902	中国工商银行 转账支票　　006754902
附加信息 出票日期　年　月　日 收款人： 金　额： 用　途： 单位主管　　会计	出票日期（大写）　年　月　日　付款行名称： 收款人：　　　　　　　　　　出票人账号： 人民币（大写）　亿千百十万千百十元角分 用途　　　　　　　密码 上列款项请从　　　　行号 我账户内支付 出票人签章　　　　　复核　　　记账

表3-46

海南增值税专用发票　　№ 0047626

开票日期：2021年12月22日

第三联：发票联　购买方记账凭证

购买方	名　称：海口恒天实业有限公司	密码区	（略）
	纳税人识别号：91460100767544183U		
	地　址、电话：海口市永旺路36号 0898-68842157		
	开户行及账号：中国建设银行海口永旺支行 267405180135		

货物或应税劳务、服务名称	规格型号	单位	数量	单价	金额	税率	税额
销售产品广告费		次	9	90.00	810.00	6%	48.60
合　计					¥810.00		¥48.60
价税合计（大写）	⊗捌佰伍拾捌元陆角零分				（小写）¥858.60		

销售方	名　称：海口银光广告有限公司
	纳税人识别号：91460100763847832U
	地　址、电话：海口市博爱路31号 0898-66254913
	开户行及账号：中国建设银行海口博爱支行 663206181347

收款人：王思思　　　复核：王思思　　　开票人：高建安　　　销售方：（章）

（14）2021年12月23日，仓库发出材料供有关部门使用。领料单如表3-47、表3-48所示。

表3-47

领 料 单

领料部门：基本生产车间　　　　　　　　　　　　　　　　　　　　　　　　　领料编号：18
领料用途：生产A产品　　　　　　　2021年12月23日　　　　　　　　　　　　发料仓库：1号

材料类别	材料编号	材料名称	规格	计量单位	数量 请领	数量 实领	单价	金额/元
主要材料	HTCL001	甲材料	GCL375	千克	40	40	6.00	240.00
合计								

仓储主管：李良兵　　　　　发料：刘佳胜　　　　　车间主管：孙坚强　　　　　领料：赵平致

表3-48

领 料 单

领料部门：基本生产车间　　　　　　　　　　　　　　　　　　　　　　　　　领料编号：18
领料用途：生产B产品　　　　　　　2021年12月23日　　　　　　　　　　　　发料仓库：1号

材料类别	材料编号	材料名称	规格	计量单位	数量 请领	数量 实领	单价	金额/元
主要材料	HTCL002	乙材料	YCL258	千克	30	30	4.00	120.00
合计								

仓储主管：李良兵　　　　　发料：刘佳胜　　　　　车间主管：孙坚强　　　　　领料：赵平致

（15）2021年12月24日，收到海口百盛集团公司偿还前欠货款的转账支票38 000元，开出收款收据，并填制进账单将支票送存银行，如表3-49所示，款项已收妥，如表3-50所示。

表3-49　　　　　　　　　　　中国工商银行　**进账单**（收账通知）　　　　　　　3

2021年12月24日

付款人	全称	海口百盛集团公司	收款人	全称	海口恒天实业有限公司	此联是收款人开户银行交给收款人的收账通知
	账号	460171891286		账号	267405180135	
	开户银行	中国建设银行海口常成支行		开户银行	中国建设银行海口永旺支行	
金额	人民币（大写）	叁万捌仟元整			亿千百十万千百十元角分 ￥3 8 0 0 0 0 0	
票据种类	转账支票	票据张数	1			
票据号码	460184322				中国建设银行海口永旺支行 2021.12.24 转讫	
备注：						
		复核 周彭利　　　　记账 张山民			收款人开户银行签章	

项目3 填制与审核会计凭证

表 3-50

收款收据

收款日期：2021 年 12 月 24 日　　　　　　　　　　　　　　　　No.23405

今收到：海口百盛集团公司

交　来：偿还前欠货款

人民币（大写）叁万捌仟元整　　　　　　　　（小写）¥38000.00

备注：银行收讫

收款单位：（财务专用章）　　收款人：刘丽娟　　经办人：孙力光

（16）2021 年 12 月 25 日，销售给成都红星实业有限公司 A 产品 50 件，每件 34 元；B 产品 100 件，每件 29 元，增值税税率为 13%，产品已发出，并开具增值税专用发票，如表 3-51 所示。企业向银行办妥托收手续，如表 3-52 所示，款项尚未收到。

表 3-51

海南增值税专用发票　　　　　　　　№ 0045631

开票日期：2021年12月25日

购买方	名　称：成都红星实业有限公司 纳税人识别号：91370107254926246U 地址、电话：成都市新建路 120 号 028-58241463 开户行及账号：中国工商银行成都新建支行 208950675196	密码区	（略）

货物或应税劳务、服务名称	规格型号	单位	数量	单价	金额	税率	税额
A 产品	SHCP101	件	50	34.00	1700.00	13%	221.00
B 产品	SHCP102	件	100	29.00	2900.00	13%	377.00
合　计					¥4600.00		¥598.00

价税合计（大写）　⊗伍仟壹佰玖拾捌元整　　　　　　（小写）¥5198.00

销售方	名　称：海口恒天实业有限公司 纳税人识别号：91460100767544183U 地址、电话：海口市永旺路 36 号 0898-68842157 开户行及账号：中国建设银行海口永旺支行 267405180135	备注	（海口恒天实业有限公司 发票专用章）

收款人：刘丽娟　　复核：陈信波　　开票人：孙力光　　销售方：（章）

第三联：发票联　购买方记账凭证

表 3-52

托收凭证（回单）　　1

2021 年 12 月 24 日　　　　　　第　号

付款人	全　称	成都红星实业有限公司	收款人	全　称	海口恒天实业有限公司
	账　号	208950675196		账　号	267405180135
	开户银行	中国工商银行成都新建支行		开户银行	中国建设银行海口永旺支行

金额	人民币（大写）　伍仟壹佰玖拾捌元整	亿 千 百 十 万 千 百 十 元 角 分 　　　　　　　¥ 5 1 9 8 0 0

托收合同号码	商品发运情况	附件（单证）	款项收妥日期：　　年　月　日
TS201612098	铁路运输	2 张	（中国建设银行海口永旺支行 2021.12.24） 收款人开户银行签章 寄托日期：2021 年 12 月 24 日

复核 周影利　　记账 张山民

此联是银行交给收款人的收账通知

（17）2021年12月26日，分配结转本月职工工资140 000元，其中，生产A产品工人工资60 000元，生产B产品工人工资40 000元，车间管理人员工资23 500元，行政管理人员工资16 500元。工资分配表如表3-53所示。

表3-53　　　　　　　　　　　　　工资费用分配汇总

编制单位：海口恒天实业有限公司　　　2021年12月26日　　　　　　　　　　　元

工资费用分配对象		应分配金额
车间生产人员工资	生产A产品	60 000.00
	生产B产品	40 000.00
	小　计	100 000.00
车间管理人员		23 500.00
行政管理人员		16 500.00
合　计		140 000.00

会计主管：陈信波　　　　　　　　　　　　　制单：孙力光

（18）2021年12月29日，按工资总额的2.5%计提职工教育经费。职工教育经费计提表如表3-54所示。

表3-54　　　　　　　　　　　　　职工教育经费计提表

编制单位：海口恒天实业有限公司　　　2021年12月29日　　　　　　　　　　　元

职工教育经费分配对象		工资总额	计提比例	职工教育经费
车间生产人员工资	生产A产品	60 000.00	2.5%	1 500.00
	生产B产品	40 000.00	2.5%	1 000.00
	生产人员工资小计	100 000.00	2.5%	2 500.00
车间管理人员		23 500.00	2.5%	587.50
行政管理人员		16 500.00	2.5%	412.50
合　计		140 000.00		3 500.00

会计主管：陈信波　　　　　　　　　　　　　制单：孙力光

（19）2021年12月31日，计提本月固定资产折旧费。折旧费用分配表如表3-55所示。

表3-55　　　　　　　　　　　　　折旧费用分配表

编制单位：海口恒天实业有限公司　　　2021年12月31日　　　　　　　　　　　元

计提折旧的车间或部门	折旧额
基本生产车间	3 800.00
行政管理部门	5 600.00
合　计	9 400.00

会计主管：陈信波　　　　　　　　　　　　　制单：孙力光

（20）2021年12月31日，结转本期销售商品成本。已销商品成本计算表如表3-56所示。

表3-56　　　　　　　　　　　　　已销商品成本计算表

编制单位：海口恒天实业有限公司　　　2021年12月31日　　　　　　　　　　　元

产品名称	计量单位	数量	单位成本	金额
A产品	件	50	23.44	1 172.00
B产品	件	100	20.00	2 000.00
合　计				3 172.00

会计主管：陈信波　　　　　　　　　　　　　制单：孙力光

附：收款凭证、付款凭证、转账凭证如表3-57至表3-82所示。

项目3 填制与审核会计凭证

表 3-57

收 款 凭 证

借方科目：　　　　　　　　　　　　　　　年　月　日　　　　　　　　　　　　　字第　号

摘　要	贷方科目		金　额								
	总账科目	明细科目	百	十	万	千	百	十	元	角	分
合　计											

会计主管：陈信波　　　审核：李德武　　　记账：孙力光　　　出纳：刘丽娟　　　制单：刘丽娟

表 3-58

收 款 凭 证

借方科目：　　　　　　　　　　　　　　　年　月　日　　　　　　　　　　　　　字第　号

摘　要	贷方科目		金　额								
	总账科目	明细科目	百	十	万	千	百	十	元	角	分
合　计											

会计主管：陈信波　　　审核：李德武　　　记账：孙力光　　　出纳：刘丽娟　　　制单：刘丽娟

表 3-59

收 款 凭 证

借方科目：　　　　　　　　　　　　　　　年　月　日　　　　　　　　　　　　　字第　号

摘　要	贷方科目		金　额								
	总账科目	明细科目	百	十	万	千	百	十	元	角	分
合　计											

会计主管：陈信波　　　审核：李德武　　　记账：孙力光　　　出纳：刘丽娟　　　制单：刘丽娟

表 3-60

收 款 凭 证

借方科目：　　　　　　　　　　　　　　　年　月　日　　　　　　　　　　　　　字第　号

摘　要	贷方科目		金　额								
	总账科目	明细科目	百	十	万	千	百	十	元	角	分
合　计											

会计主管：陈信波　　　审核：李德武　　　记账：孙力光　　　出纳：刘丽娟　　　制单：刘丽娟

表 3-61

收 款 凭 证

借方科目：　　　　　　　　　　　　　　　年　　月　　日　　　　　　　　　　　　　　　　　　　　字第　号

摘　要	贷方科目		金　额								
	总账科目	明细科目	百	十	万	千	百	十	元	角	分
合　计											

附件　张

会计主管：陈信波　　　审核：李德武　　　记账：孙力光　　　出纳：刘丽娟　　　制单：刘丽娟

表 3-62

收 款 凭 证

借方科目：　　　　　　　　　　　　　　　年　　月　　日　　　　　　　　　　　　　　　　　　　　字第　号

摘　要	贷方科目		金　额								
	总账科目	明细科目	百	十	万	千	百	十	元	角	分
合　计											

附件　张

会计主管：陈信波　　　审核：李德武　　　记账：孙力光　　　出纳：刘丽娟　　　制单：刘丽娟

表 3-63

付 款 凭 证

贷方科目：　　　　　　　　　　　　　　　年　　月　　日　　　　　　　　　　　　　　　　　　　　字第　号

摘　要	借方科目		金　额								
	总账科目	明细科目	百	十	万	千	百	十	元	角	分
合　计											

附件　张

会计主管：陈信波　　　审核：李德武　　　记账：孙力光　　　出纳：刘丽娟　　　制单：刘丽娟

表 3-64

付 款 凭 证

贷方科目：　　　　　　　　　　　　　　　年　　月　　日　　　　　　　　　　　　　　　　　　　　字第　号

摘　要	借方科目		金　额								
	总账科目	明细科目	百	十	万	千	百	十	元	角	分
合　计											

附件　张

会计主管：陈信波　　　审核：李德武　　　记账：孙力光　　　出纳：刘丽娟　　　制单：刘丽娟

表 3-65

付 款 凭 证

贷方科目：　　　　　　　　　　　　　　年　月　日　　　　　　　　　　　　　字第　号

摘　要	借方科目 || 金　额									
	总账科目	明细科目	百	十	万	千	百	十	元	角	分
合　计											

会计主管：陈信波　　审核：李德武　　记账：孙力光　　出纳：刘丽娟　　制单：刘丽娟

表 3-66

付 款 凭 证

贷方科目：　　　　　　　　　　　　　　年　月　日　　　　　　　　　　　　　字第　号

摘　要	借方科目 || 金　额									
	总账科目	明细科目	百	十	万	千	百	十	元	角	分
合　计											

会计主管：陈信波　　审核：李德武　　记账：孙力光　　出纳：刘丽娟　　制单：刘丽娟

表 3-67

付 款 凭 证

贷方科目：　　　　　　　　　　　　　　年　月　日　　　　　　　　　　　　　字第　号

摘　要	借方科目 || 金　额									
	总账科目	明细科目	百	十	万	千	百	十	元	角	分
合　计											

会计主管：陈信波　　审核：李德武　　记账：孙力光　　出纳：刘丽娟　　制单：刘丽娟

表 3-68

付 款 凭 证

贷方科目：　　　　　　　　　　　　　　年　月　日　　　　　　　　　　　　　字第　号

摘　要	借方科目 || 金　额									
	总账科目	明细科目	百	十	万	千	百	十	元	角	分
合　计											

会计主管：陈信波　　审核：李德武　　记账：孙力光　　出纳：刘丽娟　　制单：刘丽娟

表 3-69

付 款 凭 证

贷方科目：　　　　　　　　　　　　　　年　月　日　　　　　　　　　　　　　　字第　号

摘 要	借方科目		金 额								
	总账科目	明细科目	百	十	万	千	百	十	元	角	分
合　计											

附件　张

会计主管：陈信波　　　审核：李德武　　　记账：孙力光　　　出纳：刘丽娟　　　制单：刘丽娟

表 3-70

付 款 凭 证

贷方科目：　　　　　　　　　　　　　　年　月　日　　　　　　　　　　　　　　字第　号

摘 要	借方科目		金 额								
	总账科目	明细科目	百	十	万	千	百	十	元	角	分
合　计											

附件　张

会计主管：陈信波　　　审核：李德武　　　记账：孙力光　　　出纳：刘丽娟　　　制单：刘丽娟

表 3-71

付 款 凭 证

贷方科目：　　　　　　　　　　　　　　年　月　日　　　　　　　　　　　　　　字第　号

摘 要	借方科目		金 额								
	总账科目	明细科目	百	十	万	千	百	十	元	角	分
合　计											

附件　张

会计主管：陈信波　　　审核：李德武　　　记账：孙力光　　　出纳：刘丽娟　　　制单：刘丽娟

表 3-72

付 款 凭 证

贷方科目：　　　　　　　　　　　　　　年　月　日　　　　　　　　　　　　　　字第　号

摘 要	借方科目		金 额								
	总账科目	明细科目	百	十	万	千	百	十	元	角	分
合　计											

附件　张

会计主管：陈信波　　　审核：李德武　　　记账：孙力光　　　出纳：刘丽娟　　　制单：刘丽娟

项目 3　填制与审核会计凭证

表 3-73

付 款 凭 证

贷方科目：　　　　　　　　　　　　　年　月　日　　　　　　　　　　　　　　　　字第　号

摘要	借方科目		金　额
	总账科目	明细科目	百 十 万 千 百 十 元 角 分
	合　计		

会计主管：陈信波　　　审核：李德武　　　记账：孙力光　　　出纳：刘丽娟　　　制单：刘丽娟

表 3-74

转 账 凭 证

年　月　日　　　　　　　　　　　　　　　　字第　号

摘要	总账科目	明细科目	借　方	贷　方	记账
			百 十 万 千 百 十 元 角 分	百 十 万 千 百 十 元 角 分	
		合　计			

会计主管：陈信波　　　审核：李德武　　　记账：孙力光　　　制单：孙力光

表 3-75

转 账 凭 证

年　月　日　　　　　　　　　　　　　　　　字第　号

摘要	总账科目	明细科目	借　方	贷　方	记账
			百 十 万 千 百 十 元 角 分	百 十 万 千 百 十 元 角 分	
		合　计			

会计主管：陈信波　　　审核：李德武　　　记账：孙力光　　　制单：孙力光

表 3-76

转 账 凭 证

年　月　日　　　　　　　　　　　　　　　　字第　号

摘要	总账科目	明细科目	借　方	贷　方	记账
			百 十 万 千 百 十 元 角 分	百 十 万 千 百 十 元 角 分	
		合　计			

会计主管：陈信波　　　审核：李德武　　　记账：孙力光　　　制单：孙力光

表 3-77

转 账 凭 证

年　月　日　　　　　　　　　　　　　　　　　　　　字第　号

摘　要	总账科目	明细科目	借方 百十万千百十元角分	贷方 百十万千百十元角分	记账
	合　计				

会计主管：陈信波　　　　审核：李德武　　　　记账：孙力光　　　　制单：孙力光

附件　张

表 3-78

转 账 凭 证

年　月　日　　　　　　　　　　　　　　　　　　　　字第　号

摘　要	总账科目	明细科目	借方 百十万千百十元角分	贷方 百十万千百十元角分	记账
	合　计				

会计主管：陈信波　　　　审核：李德武　　　　记账：孙力光　　　　制单：孙力光

附件　张

表 3-79

转 账 凭 证

年　月　日　　　　　　　　　　　　　　　　　　　　字第　号

摘　要	总账科目	明细科目	借方 百十万千百十元角分	贷方 百十万千百十元角分	记账
	合　计				

会计主管：陈信波　　　　审核：李德武　　　　记账：孙力光　　　　制单：孙力光

附件　张

表 3-80

转 账 凭 证

年　月　日　　　　　　　　　　　　　　　　　　　　字第　号

摘　要	总账科目	明细科目	借方 百十万千百十元角分	贷方 百十万千百十元角分	记账
	合　计				

会计主管：陈信波　　　　审核：李德武　　　　记账：孙力光　　　　制单：孙力光

附件　张

表 3-81

转 账 凭 证

年　月　日　　　　　　　　　　　　　　　　　　　　字第　号

摘　要	总账科目	明细科目	借方 百十万千百十元角分	贷方 百十万千百十元角分	记账
	合　计				

会计主管：陈信波　　　　　审核：李德武　　　　　记账：孙力光　　　　　制单：孙力光

附件　张

表 3-82

转 账 凭 证

年　月　日　　　　　　　　　　　　　　　　　　　　字第　号

摘　要	总账科目	明细科目	借方 百十万千百十元角分	贷方 百十万千百十元角分	记账
	合　计				

会计主管：陈信波　　　　　审核：李德武　　　　　记账：孙力光　　　　　制单：孙力光

附件　张

实训3.4　填制通用记账凭证

👉 实训目标要求

能够依据审核无误的原始凭证，正确编制通用记账凭证。

👉 实训案例示范

通用记账凭证的格式如表 3-83 至表 3-86 所示。

表3-83

记 账 凭 证

2021年12月08日　　　　　　　　　　　　　　　　　字第 05 号

摘　要	总账科目	明细科目	借方 百十万千百十元角分	贷方 百十万千百十元角分	记账
销售A产品	银行存款	工商银行海口南沙支行	1 4 2 1 5 4		
37件，每件34元	主营业务收入	A产品销售收入		1 2 5 8 0 0	
增值税税率13%	应交税费	应交增值税（销项税额）		1 6 3 5 4	
	合　计		¥ 1 4 2 1 5 4	¥ 1 4 2 1 5 4	

会计主管：陈信波　　　　　审核：李德武　　　　　记账：孙力光　　　　　制单：刘丽娟

附件 2 张

表3-84

记 账 凭 证

2021年12月17日　　　　　　　　　　　　　　　　字第09号

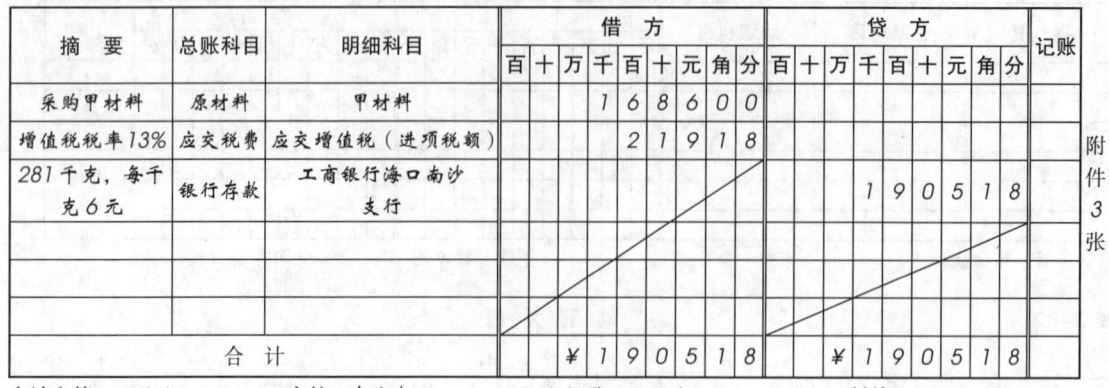

摘　要	总账科目	明细科目	借方（百十万千百十元角分）	贷方（百十万千百十元角分）	记账
采购甲材料	原材料	甲材料	1 6 8 6 0 0		
增值税税率13%	应交税费	应交增值税（进项税额）	2 1 9 1 8		
281千克，每千克6元	银行存款	工商银行海口南沙支行		1 9 0 5 1 8	
		合　计	￥1 9 0 5 1 8	￥1 9 0 5 1 8	

附件3张

会计主管：陈信波　　审核：李德武　　记账：孙力光　　制单：刘丽娟

表3-85

记 账 凭 证

2021年12月25日　　　　　　　　　　　　　　　　字第19号

摘　要	总账科目	明细科目	借方（百十万千百十元角分）	贷方（百十万千百十元角分）	记账
提现5739#	库存现金		2 5 0 0 0 0		
备用	银行存款	工商银行海口南沙支行		2 5 0 0 0 0	
		合　计	￥2 5 0 0 0 0	￥2 5 0 0 0 0	

附件1张

会计主管：陈信波　　审核：李德武　　记账：孙力光　　制单：刘丽娟

表3-86

记 账 凭 证

2021年12月31日　　　　　　　　　　　　　　　　字第49号

摘　要	总账科目	明细科目	借方（百十万千百十元角分）	贷方（百十万千百十元角分）	记账
分配工资	生产成本	A产品（直接人工）	2 5 0 0 0 0		
	生产成本	B产品（直接人工）	1 8 0 0 0 0		
	制造费用	工资	6 0 0 0 0		
	销售费用	工资	8 0 0 0 0		
	管理费用	工资	9 0 0 0 0		
	应付职工薪酬	工资薪金		6 6 0 0 0 0	
		合　计	￥6 6 0 0 0 0	￥6 6 0 0 0 0	

附件1张

会计主管：陈信波　　审核：李德武　　记账：孙力光　　制单：刘丽娟

实训项目内容

准备通用记账凭证20张，根据所给原始凭证正确填制通用记账凭证。

实训操作条件

在会计手工实训室进行，配备蓝（黑）笔、算盘或计算器。

项目3 填制与审核会计凭证

实训详细资料

详细资料详见实训3.3中的海口恒天实业有限公司2021年12月份所发生的20笔经济业务的各项原始凭证。通用记账凭证，如表3-87至表3-106所示。

表3-87

记 账 凭 证

年　　月　　日　　　　　　　　　　　　　　　　　　字第　　号

摘要	总账科目	明细科目	借方 百十万千百十元角分	贷方 百十万千百十元角分	记账
	合　计				

会计主管：陈信波　　　审核：李德武　　　记账：孙力光　　　制单：刘丽娟

附件　　张

表3-88

记 账 凭 证

年　　月　　日　　　　　　　　　　　　　　　　　　字第　　号

摘要	总账科目	明细科目	借方 百十万千百十元角分	贷方 百十万千百十元角分	记账
	合　计				

会计主管：陈信波　　　审核：李德武　　　记账：孙力光　　　制单：刘丽娟

附件　　张

表3-89

记 账 凭 证

年　　月　　日　　　　　　　　　　　　　　　　　　字第　　号

摘要	总账科目	明细科目	借方 百十万千百十元角分	贷方 百十万千百十元角分	记账
	合　计				

会计主管：陈信波　　　审核：李德武　　　记账：孙力光　　　制单：刘丽娟

附件　　张

表3-90

记 账 凭 证

年　月　日　　　　　　　　　　　　　　　　　　　字第　号

摘要	总账科目	明细科目	借方 百十万千百十元角分	贷方 百十万千百十元角分	记账
	合 计				

附件　张

会计主管：陈信波　　　审核：李德武　　　记账：孙力光　　　制单：刘丽娟

表3-91

记 账 凭 证

年　月　日　　　　　　　　　　　　　　　　　　　字第　号

摘要	总账科目	明细科目	借方 百十万千百十元角分	贷方 百十万千百十元角分	记账
	合 计				

附件　张

会计主管：陈信波　　　审核：李德武　　　记账：孙力光　　　制单：刘丽娟

表3-92

记 账 凭 证

年　月　日　　　　　　　　　　　　　　　　　　　字第　号

摘要	总账科目	明细科目	借方 百十万千百十元角分	贷方 百十万千百十元角分	记账
	合 计				

附件　张

会计主管：陈信波　　　审核：李德武　　　记账：孙力光　　　制单：刘丽娟

表3-93

记 账 凭 证

年　月　日　　　　　　　　　　　　　　　　　　　字第　号

摘要	总账科目	明细科目	借方 百十万千百十元角分	贷方 百十万千百十元角分	记账
	合 计				

附件　张

会计主管：陈信波　　　审核：李德武　　　记账：孙力光　　　制单：刘丽娟

项目3 填制与审核会计凭证

表3-94

记 账 凭 证

年　月　日　　　　　　　　　　　　　　　　　字第　号

摘要	总账科目	明细科目	借方 百十万千百十元角分	贷方 百十万千百十元角分	记账
	合　计				

会计主管：陈信波　　　审核：李德武　　　记账：孙力光　　　制单：刘丽娟

附件　张

表3-95

记 账 凭 证

年　月　日　　　　　　　　　　　　　　　　　字第　号

摘要	总账科目	明细科目	借方 百十万千百十元角分	贷方 百十万千百十元角分	记账
	合　计				

会计主管：陈信波　　　审核：李德武　　　记账：孙力光　　　制单：刘丽娟

附件　张

表3-96

记 账 凭 证

年　月　日　　　　　　　　　　　　　　　　　字第　号

摘要	总账科目	明细科目	借方 百十万千百十元角分	贷方 百十万千百十元角分	记账
	合　计				

会计主管：陈信波　　　审核：李德武　　　记账：孙力光　　　制单：刘丽娟

附件　张

表3-97

记 账 凭 证

年　月　日　　　　　　　　　　　　　　　　　字第　号

摘要	总账科目	明细科目	借方 百十万千百十元角分	贷方 百十万千百十元角分	记账
	合　计				

会计主管：陈信波　　　审核：李德武　　　记账：孙力光　　　制单：刘丽娟

附件　张

表3-98

记 账 凭 证

年　月　日　　　　　　　　　　　　　　　　　　字第　号

摘　要	总账科目	明细科目	借方 百十万千百十元角分	贷方 百十万千百十元角分	记账
	合　计				

会计主管：陈信波　　　审核：李德武　　　记账：孙力光　　　制单：刘丽娟

附件　张

表3-99

记 账 凭 证

年　月　日　　　　　　　　　　　　　　　　　　字第　号

摘　要	总账科目	明细科目	借方 百十万千百十元角分	贷方 百十万千百十元角分	记账
	合　计				

会计主管：陈信波　　　审核：李德武　　　记账：孙力光　　　制单：刘丽娟

附件　张

表3-100

记 账 凭 证

年　月　日　　　　　　　　　　　　　　　　　　字第　号

摘　要	总账科目	明细科目	借方 百十万千百十元角分	贷方 百十万千百十元角分	记账
	合　计				

会计主管：陈信波　　　审核：李德武　　　记账：孙力光　　　制单：刘丽娟

附件　张

项目3 填制与审核会计凭证

表3-101

记 账 凭 证

年　　月　　日　　　　　　　　　　　　　　　　　　　　　字第　号

摘　要	总账科目	明细科目	借　方 百十万千百十元角分	贷　方 百十万千百十元角分	记账
	合　计				

会计主管：陈信波　　　　审核：李德武　　　　记账：孙力光　　　　制单：刘丽娟

附件　张

表3-102

记 账 凭 证

年　　月　　日　　　　　　　　　　　　　　　　　　　　　字第　号

摘　要	总账科目	明细科目	借　方 百十万千百十元角分	贷　方 百十万千百十元角分	记账
	合　计				

会计主管：陈信波　　　　审核：李德武　　　　记账：孙力光　　　　制单：刘丽娟

附件　张

表3-103

记 账 凭 证

年　　月　　日　　　　　　　　　　　　　　　　　　　　　字第　号

摘　要	总账科目	明细科目	借　方 百十万千百十元角分	贷　方 百十万千百十元角分	记账
	合　计				

会计主管：陈信波　　　　审核：李德武　　　　记账：孙力光　　　　制单：刘丽娟

附件　张

表3-104

记 账 凭 证

年　月　日　　　　　　　　　　　　　　　　　　字第　号

摘　要	总账科目	明细科目	借　方									贷　方									记账
			百	十	万	千	百	十	元	角	分	百	十	万	千	百	十	元	角	分	
合　计																					

会计主管：陈信波　　　审核：李德武　　　记账：孙力光　　　制单：刘丽娟

附件　张

表3-105

记 账 凭 证

年　月　日　　　　　　　　　　　　　　　　　　字第　号

摘　要	总账科目	明细科目	借　方									贷　方									记账
			百	十	万	千	百	十	元	角	分	百	十	万	千	百	十	元	角	分	
合　计																					

会计主管：陈信波　　　审核：李德武　　　记账：孙力光　　　制单：刘丽娟

附件　张

表3-106

记 账 凭 证

年　月　日　　　　　　　　　　　　　　　　　　字第　号

摘　要	总账科目	明细科目	借　方									贷　方									记账
			百	十	万	千	百	十	元	角	分	百	十	万	千	百	十	元	角	分	
合　计																					

会计主管：陈信波　　　审核：李德武　　　记账：孙力光　　　制单：刘丽娟

附件　张

实训3.5　审核记账凭证

实训目标要求

能够根据记账凭证的填制要求和方法审核记账凭证。

实训案例示范

记账凭证实训示范案例见实训3.4的内容。

项目 3 填制与审核会计凭证

实训项目内容

根据所给记账凭证进行审核,指出错误之处,并填制正确的记账凭证。

实训操作条件

在会计手工实训室进行,配备蓝(黑)笔、算盘或计算器。

实训详细资料

海口华丰实业有限公司 2021 年 5 月份发生下列相关经济业务,请指出记账凭证的错误之处,并填制正确的记账凭证。

(1) 2021 年 5 月 2 日,收到海口达利实业有限公司偿还前欠货款的转账支票一张,金额 42 563.20 元,当即开出收据交给了达利公司,并填制银行进账单将支票送存银行,如表 3-107 所示。并正确填制收款凭证表 3-108。

表 3-107

收 款 凭 证

贷方科目:银行存款　　　　　　　　2021 年 05 月 02 日　　　　　　　　银付字第 6 号

摘　要	借方科目		金　额								
^	总账科目	明细科目	百	十	万	千	百	十	元	角	分
收回货款	应收账款	海口达利实业有限公司			4	2	5	6	3	2	0
合　计					¥	4	2	5	6	3	2	0

附件 2 张

会计主管:季鑫　　审核:杨金　　记账:陈宇　　出纳:赵华　　制单:刘华

表 3-108

收 款 凭 证

借方科目:　　　　　　　　　　　2021 年 05 月 02 日　　　　　　　　　　字第　号

摘　要	贷方科目		金　额								
^	总账科目	明细科目	百	十	万	千	百	十	元	角	分
合　计											

附件 2 张

会计主管:季鑫　　审核:杨金　　记账:陈宇　　出纳:赵华　　制单:刘华

(2) 2021 年 5 月 5 日,开出现金支票一张,从银行提取现金 26 000 元,以备发工资,如表 3-109 所示。并正确填制付款凭证表 3-110。

表 3-109　　　　　　　　　　　　　　付 款 凭 证
贷方科目：银行存款　　　　　　　　　2021年 05 月 05 日　　　　　　　　　　　银付字第 12 号

摘　要	借方科目		金　额
	总账科目	明细科目	百 十 万 千 百 十 元 角 分
提取现金准备发放工资	应付职工薪酬	工资	2 6 0 0 0 0 0
合　计			¥ 2 6 0 0 0 0 0

会计主管：季鑫　　　　审核：杨金　　　　记账：陈宇　　　　出纳：赵华　　　　制单：刘华

附件 1 张

表 3-110　　　　　　　　　　　　　　付 款 凭 证
贷方科目：　　　　　　　　　　　　　2021年 08 月 05 日　　　　　　　　　　　　字第　号

摘　要	借方科目		金　额
	总账科目	明细科目	百 十 万 千 百 十 元 角 分
合　计			

会计主管：季鑫　　　　审核：杨金　　　　记账：陈宇　　　　出纳：赵华　　　　制单：刘华

附件 张

（3）2021年5月6日，采购员林峰出差归来，差旅费报销 950 元，原预借款 1 000 元，余款交回现金，由出纳员开出收据，如表3-111至表3-112所示。并正确填制记账凭证表3-113和表3-114。

表 3-111　　　　　　　　　　　　　　收 款 凭 证
借方科目：银行存款　　　　　　　　　2021年 05 月 06 日　　　　　　　　　　　银收字第 3 号

摘　要	贷方科目		金　额
	总账科目	明细科目	百 十 万 千 百 十 元 角 分
收回报销后余款	其他应收款	林峰	5 0 0 0
合　计			¥ 5 0 0 0

会计主管：季鑫　　　　审核：杨金　　　　记账：陈宇　　　　出纳：赵华　　　　制单：刘华

附件 1 张

表 3-112

转 账 凭 证

2021 年 05 月 06 日　　　　　　　　　　　　　　　字第 4 号

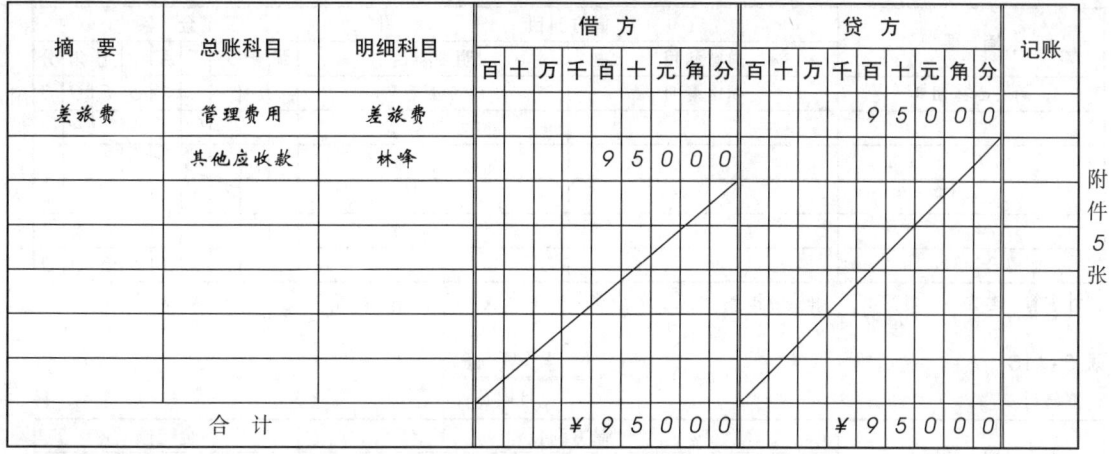

摘 要	总账科目	明细科目	借方 百十万千百十元角分	贷方 百十万千百十元角分	记账
差旅费	管理费用	差旅费		9 5 0 0 0	
	其他应收款	林峰	9 5 0 0 0		
	合 计		¥ 9 5 0 0 0	¥ 9 5 0 0 0	

附件 5 张

会计主管：季鑫　　　审核：杨金　　　记账：陈宇　　　出纳：赵华　　　制单：刘华

表 3-113

收 款 凭 证

借方科目：　　　　　　　　　　　年　月　日　　　　　　　　　　字第　号

摘 要	贷方科目 总账科目 / 明细科目	金额 百十万千百十元角分
合 计		

附件 1 张

会计主管：季鑫　　　审核：杨金　　　记账：陈宇　　　出纳：赵华　　　制单：刘华

表 3-114

转 账 凭 证

年　月　日　　　　　　　　　　　　　字第　号

摘 要	总账科目	明细科目	借方 百十万千百十元角分	贷方 百十万千百十元角分	记账
	合 计				

附件 5 张

会计主管：季鑫　　　审核：杨金　　　记账：陈宇　　　出纳：赵华　　　制单：刘华

（4）2021 年 5 月 10 日，以现金支付行政办公室职员孙娜萍普通发票一张报销购买办公用品费用 165 元，已经领导签字批准，如表 3-115 所示。并正确填制付款凭证表 3-116。

表 3-115

付 款 凭 证

2021年05月10日　　　　　　　　　　银付字第 8 号

贷方科目：库存现金

摘　要	借方科目		金　额
	总账科目	明细科目	百 十 万 千 百 十 元 角 分
购买办公用品	制造费用	办公费	1 6 5 0 0
合　计			￥　　1 6 5 0 0

附件 1 张

会计主管：季鑫　　　审核：杨金　　　记账：陈宇　　　出纳：赵华　　　制单：刘华

表 3-116

付 款 凭 证

　　　　　　　　　　　　　　　　年　月　日　　　　　　　　　　字第　号

贷方科目：

摘　要	借方科目		金　额
	总账科目	明细科目	百 十 万 千 百 十 元 角 分
合　计			

附件 1 张

会计主管：季鑫　　　审核：杨金　　　记账：陈宇　　　出纳：赵华　　　制单：刘华

实训3.6　编制科目汇总表

☞ **实训目标要求**

能够根据记账凭证进行汇总，编制科目汇总表。

☞ **实训案例示范**

科目汇总表如表 3-117 所示。

表 3-117

科目汇总表

2021年12月01日至15日　　　　　　　　　　科汇字第 1 号

会计科目	借方发生额	贷方发生额
	千 百 十 万 千 百 十 元 角 分	千 百 十 万 千 百 十 元 角 分
库存现金	8 3 1 4 0 0	2 5 0 0 0
银行存款	3 0 5 8 8 5 4 0	1 0 1 3 7 5 1 0 0
应收账款	6 9 2 0 0 0 0	1 2 9 0 0 0 0
预付账款		5 0 0 0 0
其他应收款	2 0 0 0 0 0	5 0 0 0 0
在途物资	4 0 6 1 6 0 0	3 6 9 0 0 0 0
原材料	3 8 4 0 0 0 0	7 3 7 0 0 0 0
周转材料	1 5 0 0 0 0	1 5 2 8 2 5 0

项目3 填制与审核会计凭证

（续表）

会计科目	借方发生额 千 百 十 万 千 百 十 元 角 分	贷方发生额 千 百 十 万 千 百 十 元 角 分
库存商品	1 0 0 0 0 0 0 0	
实收资本	7 2 7 0 0 0 0	
固定资产	4 7 3 7 0 0 0	
累计折旧	4 5 0 0 0 0 0	
短期借款	4 1 4 6 0	
应付账款		3 7 2 7 0 0 0 0
应付职工薪酬	2 1 8 4 9	
应交税费	7 3 7 1 2 0	6 8 6 4 6 0
生产成本	8 8 6 6 5 0 0 0	
制造费用	2 7 4 5 4 0 0	
主营业务收入		4 0 0 0 0 0 0
主营业务成本		4 5 0 0 0 0 0
管理费用	8 0 3 6 0 0	
销售费用	1 9 6 1 1	
合　计	¥ 2 8 7 8 6 4 0 6 0	¥ 2 8 7 8 6 4 0 6 0

会计主管：刘民水　　　记账：李立中　　　审核：张终田　　　制表：赵加强　　　附凭证 1 张

实训项目内容

准备一张科目汇总表，对一定时期的记账凭证进行汇总，并填列到科目汇总表中。

实训操作条件

在会计手工实训室进行，配备蓝（黑）笔、算盘或计算器。

实训详细资料

见实训 3.4 所编制的通用记账凭证。根据海口恒天实业有限公司 2021 年 12 月份发生的经济业务所编制的通用记账凭证（见表 3-87 至表 3-106），编制该公司 2021 年 12 月 1 日至 31 日的科目汇总表，如表 3-118 所示。

表 3-118　　　　　　　　　　　科目汇总表

2021 年 12 月 01 日至 31 日　　　　　　　　　　　　　　　科汇字第 1 号

会计科目	借方发生额 千 百 十 万 千 百 十 元 角 分	贷方发生额 千 百 十 万 千 百 十 元 角 分
库存现金		
银行存款		
应收账款		
预付账款		
其他应收款		
在途物资		
原材料		
周转材料		
库存商品		

（续表）

会计科目	借方发生额 千 百 十 万 千 百 十 元 角 分	贷方发生额 千 百 十 万 千 百 十 元 角 分
实收资本		
固定资产		
累计折旧		
短期借款		
应付账款		
应付职工薪酬		
应交税费		
生产成本		
制造费用		
主营业务收入		
主营业务成本		
管理费用		
销售费用		
合　计		

会计主管：　　　记账：　　　审核：　　　制表：　　　附凭证　　张

实训3.7　整理与装订会计凭证

实训目标要求

能够正确整理、装订记账凭证。

实训案例示范

整理、装订好的会计凭证。

实训项目内容

准备记账凭证封面、封底，将实训3.4中的记账凭证装订成册，并填写封面项目。

实训操作条件

在会计手工实训室进行，配备蓝（黑）笔、算盘或计算器。

实训详细资料

见实训3.4中所编制的通用记账凭证、实训3.6中的科目汇总表。

项目 4
设置与登记会计账簿

实训4.1　启用与建立会计账簿

实训目标要求

能够正确填写账簿启用及交接表,建立各种账簿。登记账簿的基本要求如下。

(1)阿拉伯数字应当一个一个地写,不得连笔写。阿拉伯金额数字前面应当书写货币币种符号或货币名称简写。币种符号与阿拉伯金额数字之间不得留有空白。凡阿拉伯数字前写有币种符号的,数字后面不再写货币单位。

(2)所有以元为单位(其他货币种类为货币基本单位,下同)的阿拉伯数字,除表示单价等情况外,一律填写到角分;无角分的,角位和分位可写00;有角无分的,分位应当写0,不得用符号"—"代替。

(3)汉字大写金额数字,如零、壹、贰、叁、肆、伍、陆、柒、捌、玖、拾、佰、仟、万、亿等,一律用正楷体或行书体书写,不得用〇、一、二、三、四、五、六、七、八、九、十等简化字代替,不得任意自造简化字。大写金额数字到元或角为止的,"元"或"角"字之后应当写"整"或"正"字;大写金额数字有分的,"分"字后面不写"整"或"正"字。

(4)大写金额数字前没有货币名称的,应当加填货币名称,货币名称与金额数字之间不得留有空白。

(5)阿拉伯金额数字中间有0时,汉字大写金额要写"零"字;阿拉伯金额数字中间连续有几个0时,汉字大写金额中可以只写一个"零"字。阿拉伯金额数字元位是0时,或者数字中间连续有几个0时,且元位也是0但角位不是0时,汉字大写金额可以只写"零"字。

实训案例示范

应收账款明细分类账如表 4-1 所示。

表 4-1　　　　　　　　　　　　　应收账款　明细分类账

账户名称:三联大厦

2021年		凭证		摘要	借方								贷方								借或贷	余额							
月	日	字	号		十	万	千	百	十	元	角	分	十	万	千	百	十	元	角	分		十	万	千	百	十	元	角	分
01	01			上年结转																	借		5	0	0	0	0	0	0
	06	银收	21	收回货款										1	7	0	0	0	0	0	借		3	3	0	0	0	0	0
	09	转	18	售A产品		2	0	0	0	0	0	0									借	¥	5	3	0	0	0	0	0

实训项目内容

(1) 准备总账账页、现金日记账账页、银行存款日记账账页、三栏式明细账账页、数量金额式明细账账页和多栏式账页。

(2) 根据所给资料填写账簿启用表。

(3) 根据资料建立各种账簿。

实训操作条件

在会计手工实训室进行,配备各种明细分类账账簿和总分类账账簿(每种账簿包括账簿封面、账簿目录表、账夹、各种账页)、印章、蓝(黑)笔。

实训详细资料

1. 企业概况

(1) 海口恒天实业有限公司的基本情况:海口恒天实业有限公司为增值税一般纳税人,增值税税率为13%,该生产企业设有行政管理部、财务部、采购部(供应部)、仓储部、生产部、销售部。生产部门有一个基本生产车间,生产A、B两种产品,制造费用按照产品生产工人工资比例进行分配,公司注册地址:海口市永旺路36号;联系电话:0898-68842157;开户银行:中国建设银行海口永旺支行;账号:267405180135,统一社会信用代码:91460100767544183U。

(2) 海口恒天实业有限公司的主要人员:

行政管理部,法定代表人(总经理):赵大勇;副总经理:李德武。

办公室主任:张辉利;办公室文员:黄阳文。

财务部,财务主管:陈信波;会计:孙力光;出纳:刘丽娟。

采购部(供应部),采购主管:王英汉;采购员:张思猛。

仓储部,仓储主管(验收主管、发料主管):李良兵。

仓储管理员(验收人、发料人):刘佳胜。

生产部,车间主管:孙坚强;车间管理员:赵平致。

销售部,销售主管:杨言吉;销售管理员:张日维。

(3) 根据海口恒天实业有限公司2021年12月份发生的经济业务所填制的各种专用记账凭证或通用记账凭证,见实训3.3或实训3.4。

2. 海口恒天实业有限公司2021年12月1日有关账户余额(见表4-2)

表4-2　　　　　　　　　　　总账及明细账期初余额表　　　　　　　　　　　　　　　元

序号	账　户	借或贷	金　额
01	库存现金	借	5 000
02	银行存款	借	352 000
	——中国建设银行海口永旺支行		352 000
03	应收账款	借	48 000
	——海口百盛集团公司		48 000
04	其他应收款	借	2 000

(续表)

序号	账户	借或贷	金额
	——高璐明		2 000
05	原材料	借	42 500
	——甲材料（4 200 千克，6 元/千克）		25 200
	——乙材料（4 325 千克，4 元/千克）		17 300
06	库存商品	借	60 000
	——A 产品		40000
	——B 产品		20000
07	固定资产	借	800 000
	——房屋及建筑物		600 000
	——机器设备		200 000
08	累计折旧	贷	70 000
	——房屋及建筑物		52 500
	——机器设备		17 500
09	短期借款	贷	200 000
	——中国建设银行海口永旺支行（9 个月）		200 000
10	应付账款	贷	75 000
	——海口兴盛实业有限公司		60 000
	——广东南能实业有限公司		15 000
11	其他应付款	贷	5 000
	——出租包装物押金		5 000
12	预收账款	贷	19 500
	——海口金利实业有限公司		19 500
13	实收资本	贷	830 000
	——海口南大实业有限公司		600 000
	——北京阳光实业有限公司		230 000
14	盈余公积	贷	80 000
	——法定盈余公积		80 000
15	利润分配	贷	45 000
	——未分配利润		45 000

实训4.2　登记日记账

实训目标要求

能够根据记账凭证正确登记库存现金日记账和银行存款日记账。

实训案例示范

库存现金日记账如表 4-3 所示。

表 4-3　　　　　　　　　　　　　库存现金　日记账

2021年 月	日	凭证字	号	摘要	借方 百十万千百十元角分	贷方 百十万千百十元角分	余额 百十万千百十元角分
01	01			上年结转			2 0 0 0 0
	02	现收	01	收到货款	8 0 0 0 0		2 8 0 0 0
	04	现付	01	出差借款		6 0 0 0 0	2 2 0 0 0
	05	现付	02	办公用品		3 6 0 0 0	1 8 4 0 0
	06	银付	03	提现备用	2 0 0 0 0 0		3 8 4 0 0
	06	现付	04	材料运费		1 5 0 0 0 0	2 3 4 0 0
	08	银付	05	提现备用	3 7 5 0 0 0 0		3 9 8 4 0 0
	08	现付	06	发放工资		3 7 5 0 0 0 0	¥ 　2 3 4 0 0

👉 实训项目内容

（1）准备现金日记账一页，银行存款日记账一页。

（2）根据审核无误的记账凭证登记库存现金日记账（见表 4-4）和银行存款日记账（见表 4-5）。

👉 实训操作条件

在会计手工模拟实训室进行，配备蓝（黑）笔、算盘或计算器。

👉 实训详细资料

（1）库存现金日记账、银行存款日记账期初余额见实训 4.1。

（2）记账凭证见实训 3.3 或实训 3.4。

项目4　设置与登记会计账簿

表4-4

库存现金　日记账

年	凭证		摘要	借方									贷方									余额								
月 日	字	号		百	十	万	千	百	十	元	角	分	百	十	万	千	百	十	元	角	分	百	十	万	千	百	十	元	角	分
			承前页																											

表 4-5　银行存款 日记账

年	凭证		摘要	借方								贷方								余额							
月	日	字	号		百	十	万	千	百	十	元	角	分	百	十	万	千	百	十	元	角	分	百	十	万	千	百	十	元	角	分
				承前页																											

实训4.3　登记明细账

实训目标要求

能够根据记账凭证正确登记各种明细账。

实训案例示范

制造费用明细账如表4-6所示。

表4-6　　　　　　　　　　　制造费用　明细账　　　　　　　　　　　第　页

2021年 月	日	凭证编号	摘　要	借方发生额	办公费	水电费	折旧费	职工薪资	修理费	…
			（略）	（略）	…					
11	25	60	计提折旧	2 132			2 132			
	30		制造费用合计	14 730	210	6 916	2 132	2 014	3 458	
	30	65	分配结转	-14 730	-210	-6 916	-2 132	-2 014	-3 458	
	30		月末金额	0						

实训项目内容

（1）准备三栏式账页、数量金额式账页和多栏式账页。根据实训4.1登记有关账户的期初余额。

（2）根据审核无误的记账凭证登记应收账款明细分类账（见表4-7、表4-8）、其他应收款明细分类账（见表4-9、表4-10）、应付账款明细分类账（见表4-11、表4-12）、原材料明细分类账（见表4-13、表4-14）、管理费用明细分类账（见表4-15）。

实训操作条件

在会计手工模拟实训室进行，配备蓝（黑）笔、算盘或计算器。

实训详细资料

详细资料见实训3.3或实训3.4所填制的记账凭证。

表 4-7　　　　　　　　　　　　　　　　应收账款　明细分类账

明细账户名称：海口百盛集团公司　　　　　　　　　　　　　　　　总页　　分页

年		凭证字号	摘要	借方 十万千百十元角分	贷方 十万千百十元角分	借或贷	余额 十万千百十元角分
月	日						

表 4-8　　　　　　　　　　　　　　　　应收账款　明细分类账

明细账户名称：成都红星实业公司　　　　　　　　　　　　　　　　总页　　分页

年		凭证字号	摘要	借方 十万千百十元角分	贷方 十万千百十元角分	借或贷	余额 十万千百十元角分
月	日						

表 4-9　　　　　　　　　　　　　其他应收款　明细分类账

明细账户名称：高璐明　　　　　　　　　　　　　　　　　　　　　　　　　　　总页　｜　分页

年		凭证字号	摘要	借方 十万千百十元角分	贷方 十万千百十元角分	借或贷	余额 十万千百十元角分
月	日						

表 4-10　　　　　　　　　　　　　其他应收款　明细分类账

明细账户名称：张思猛　　　　　　　　　　　　　　　　　　　　　　　　　　　总页　｜　分页

年		凭证字号	摘要	借方 十万千百十元角分	贷方 十万千百十元角分	借或贷	余额 十万千百十元角分
月	日						

表 4-11　　　　　　　　　　　　应付账款　明细分类账

明细账户名称：海口兴盛实业有限公司　　　　　　　　　　　　　　　　　总页　｜　分页

年		凭证字号	摘要	借方 十万千百十元角分	贷方 十万千百十元角分	借或贷	余额 十万千百十元角分
月	日						

表 4-12　　　　　　　　　　　　应付账款　明细分类账

明细账户名称：广东南能实业有限公司　　　　　　　　　　　　　　　　　总页　｜　分页

年		凭证字号	摘要	借方 十万千百十元角分	贷方 十万千百十元角分	借或贷	余额 十万千百十元角分
月	日						

表 4–13

原材料　明细分类账

明细会计账户名称：甲材料　　　　　　　　　　　　　　　　　　　计量单位：元 / 千克

2021年		凭证字号	摘要	收入			发出			结存		
月	日			数量	单价	金额	数量	单价	金额	数量	单价	金额
12	01		期初余额							4 200	6	25 200

表 4–14

原材料　明细分类账

明细会计账户名称：乙材料　　　　　　　　　　　　　　　　　　　计量单位：元 / 千克

2021年		凭证字号	摘要	收入			发出			结存		
月	日			数量	单价	金额	数量	单价	金额	数量	单价	金额
12	01		期初余额							4 325	4	17 300

表 4-15 管理费用 明细分类账

年		凭证编号	摘要	借方发生额	借方发生额分析					第 页
月	日				办公费	差旅费	职工薪酬	职工教育经费	折旧费	其他

实训4.4　登记总分类账

实训目标要求

能够根据科目汇总表正确登记总分类账。

实训案例示范

总分类账如表4-16所示。

表4-16　　　　　　　　　　　总 分 类 账

会计账户名称：*库存商品*　　　　　　　　　　　　　　　　　　　　　　　　第25页

2021年		凭证		摘要	借方								贷方								借或贷	余额							
月	日	字	号		十	万	千	百	十	元	角	分	十	万	千	百	十	元	角	分		十	万	千	百	十	元	角	分
01	01			上年结转																	借		1	5	0	0	0	0	0
	10	科汇	10	01—10日汇总			6	2	0	0	0	0			8	6	0	0	0	0	借		1	2	6	0	0	0	0
	20	科汇	02	11—20日汇总			8	0	0	0	0	0			6	0	0	0	0	0	借		1	4	6	0	0	0	0
	31	科汇	03	21—31日汇总			7	6	0	0	0	0			8	8	0	0	0	0	借		1	3	4	0	0	0	0

实训项目内容

（1）准备三栏式总账账页。根据实训4.1登记有关总账账户的期初余额。

（2）根据审核无误的科目汇总表登记部分总账账户（库存现金、银行存款、应收账款、其他应收款、在途物资、原材料、生产成本、制造费用、库存商品、预付账款、固定资产、累计折旧、短期借款、应付账款、其他应付款、预收账款、应交税费、应付职工薪酬、实收资本、盈余公积、利润分配、主营业务收入、主营业务成本、销售费用、管理费用），见表4-17至表4-41。

实训操作条件

在会计手工模拟实训室进行，配备蓝（黑）笔、算盘或计算器。

实训详细资料

（1）期初余额见实训4.1。

（2）科目汇总表见实训3.6。

表 4-17

总分类账

会计账户名称：库存现金　　　　　　　　　　　　　　　　　　　　　　　　　　第　　页

年		凭证		摘要	借方								贷方								借或贷	余额							
月	日	字	号		十	万	千	百	十	元	角	分	十	万	千	百	十	元	角	分		十	万	千	百	十	元	角	分

表 4-18

总分类账

会计账户名称：银行存款　　　　　　　　　　　　　　　　　　　　　　　　　　第　　页

年		凭证		摘要	借方								贷方								借或贷	余额							
月	日	字	号		十	万	千	百	十	元	角	分	十	万	千	百	十	元	角	分		十	万	千	百	十	元	角	分

表 4-19

总分类账

会计账户名称：应收账款　　　　　　　　　　　　　　　　　　　　　　　　　　第　　页

年		凭证		摘要	借方								贷方								借或贷	余额							
月	日	字	号		十	万	千	百	十	元	角	分	十	万	千	百	十	元	角	分		十	万	千	百	十	元	角	分

表 4-20　　　　　　　　　　　　　　　总 分 类 账

会计账户名称：其他应收款　　　　　　　　　　　　　　　　　　　　　　　　　　第　　页

年		凭证字号	摘要	借方 十万千百十元角分	贷方 十万千百十元角分	借或贷	余额 十万千百十元角分
月	日						

表 4-21　　　　　　　　　　　　　　　总 分 类 账

会计账户名称：在途物资　　　　　　　　　　　　　　　　　　　　　　　　　　　第　　页

年		凭证字号	摘要	借方 十万千百十元角分	贷方 十万千百十元角分	借或贷	余额 十万千百十元角分
月	日						

表 4-22　　　　　　　　　　　　　　　总 分 类 账

会计账户名称：原材料　　　　　　　　　　　　　　　　　　　　　　　　　　　　第　　页

年		凭证字号	摘要	借方 十万千百十元角分	贷方 十万千百十元角分	借或贷	余额 十万千百十元角分
月	日						

表 4-23

总分类账

会计账户名称：生产成本　　　　　　　　　　　　　　　　　　　　　　　　　　　　第　页

年		凭证		摘要	借方	贷方	借或贷	余额
月	日	字	号		十万千百十元角分	十万千百十元角分		十万千百十元角分

表 4-24

总分类账

会计账户名称：制造费用　　　　　　　　　　　　　　　　　　　　　　　　　　　　第　页

年		凭证		摘要	借方	贷方	借或贷	余额
月	日	字	号		十万千百十元角分	十万千百十元角分		十万千百十元角分

表 4-25

总分类账

会计账户名称：库存商品　　　　　　　　　　　　　　　　　　　　　　　　　　　　第　页

年		凭证		摘要	借方	贷方	借或贷	余额
月	日	字	号		十万千百十元角分	十万千百十元角分		十万千百十元角分

项目4　设置与登记会计账簿

表 4-26　　　　　　　　　　　　　　　　总 分 类 账

会计账户名称：预付账款　　　　　　　　　　　　　　　　　　　　　　　　　　第　　页

年		凭证		摘要	借方	贷方	借或贷	余额
月	日	字	号		十万千百十元角分	十万千百十元角分		十万千百十元角分

表 4-27　　　　　　　　　　　　　　　　总 分 类 账

会计账户名称：固定资产　　　　　　　　　　　　　　　　　　　　　　　　　　第　　页

年		凭证		摘要	借方	贷方	借或贷	余额
月	日	字	号		十万千百十元角分	十万千百十元角分		十万千百十元角分

表 4-28　　　　　　　　　　　　　　　　总 分 类 账

会计账户名称：累计折旧　　　　　　　　　　　　　　　　　　　　　　　　　　第　　页

年		凭证		摘要	借方	贷方	借或贷	余额
月	日	字	号		十万千百十元角分	十万千百十元角分		十万千百十元角分

表 4-29

总分类账

会计账户名称：短期借款　　　　　　　　　　　　　　　　　　　　　　　　　　第　　页

年		凭证字号	摘要	借方 十万千百十元角分	贷方 十万千百十元角分	借或贷	余额 十万千百十元角分
月	日						

表 4-30

总分类账

会计账户名称：应付账款　　　　　　　　　　　　　　　　　　　　　　　　　　第　　页

年		凭证字号	摘要	借方 十万千百十元角分	贷方 十万千百十元角分	借或贷	余额 十万千百十元角分
月	日						

表 4-31

总分类账

会计账户名称：其他应付款　　　　　　　　　　　　　　　　　　　　　　　　　第　　页

年		凭证字号	摘要	借方 十万千百十元角分	贷方 十万千百十元角分	借或贷	余额 十万千百十元角分
月	日						

表 4-32

总分类账

会计账户名称：预收账款　　　　　　　　　　　　　　　　　　　　　第　　页

年		凭证		摘要	借方									贷方									借或贷	余额								
月	日	字	号		十	万	千	百	十	元	角	分	十	万	千	百	十	元	角	分			十	万	千	百	十	元	角	分

表 4-33

总分类账

会计账户名称：应交税费　　　　　　　　　　　　　　　　　　　　　第　　页

年		凭证		摘要	借方									贷方									借或贷	余额								
月	日	字	号		十	万	千	百	十	元	角	分	十	万	千	百	十	元	角	分			十	万	千	百	十	元	角	分

表 4-34

总分类账

会计账户名称：应付职工薪酬　　　　　　　　　　　　　　　　　　　第　　页

年		凭证		摘要	借方									贷方									借或贷	余额								
月	日	字	号		十	万	千	百	十	元	角	分	十	万	千	百	十	元	角	分			十	万	千	百	十	元	角	分

表 4-35   总分类账
会计账户名称：实收资本   第 页

2021年		凭证		摘要	借方									贷方									借或贷	余额								
月	日	字	号		十	万	千	百	十	元	角	分	十	万	千	百	十	元	角	分		十	万	千	百	十	元	角	分			

表 4-36   总分类账
会计账户名称：盈余公积   第 页

2021年		凭证		摘要	借方									贷方									借或贷	余额								
月	日	字	号		十	万	千	百	十	元	角	分	十	万	千	百	十	元	角	分		十	万	千	百	十	元	角	分			

表 4-37   总分类账
会计账户名称：利润分配   第 页

2021年		凭证		摘要	借方									贷方									借或贷	余额								
月	日	字	号		十	万	千	百	十	元	角	分	十	万	千	百	十	元	角	分		十	万	千	百	十	元	角	分			

表 4-38

总分类账

会计账户名称：主营业务收入　　　　　　　　　　　　　　　　　　　　　　　第　　页

2021年		凭证		摘要	借方	贷方	借或贷	余额
月	日	字	号		十万千百十元角分	十万千百十元角分		十万千百十元角分

表 4-39

总分类账

会计账户名称：主营业务成本　　　　　　　　　　　　　　　　　　　　　　　第　　页

2021年		凭证		摘要	借方	贷方	借或贷	余额
月	日	字	号		十万千百十元角分	十万千百十元角分		十万千百十元角分

表 4-40

总分类账

会计账户名称：销售费用　　　　　　　　　　　　　　　　　　　　　　　　　第　　页

2021年		凭证		摘要	借方	贷方	借或贷	余额
月	日	字	号		十万千百十元角分	十万千百十元角分		十万千百十元角分

表 4-41　　　　　　　　　　　　　　　　总 分 类 账

会计账户名称：管理费用　　　　　　　　　　　　　　　　　　　　　　　　　　　第　　页

2021年		凭证		摘　要	借　方	贷　方	借或贷	余　额
月	日	字	号		十万千百十元角分	十万千百十元角分		十万千百十元角分

实训4.5　对　账

实训目标要求

能够根据对账的内容和方法，学会编制总账与明细账发生额及余额对照表、银行存款余额调节表。

实训案例示范

银行存款余额调节表如表 4-42 所示。

表 4-42　　　　　　　　　　银行存款余额调节表

企业名称及账号：　　　　　　　　2021 年 6 月 30 日　　　　　　　　　　　单位：元

项　目	余　额	项　目	余　额
企业银行存款日记账余额	691 600	银行对账单余额	681 600
加：银行已收，企业未收	4 000	加：银行已收，企业未收	15 000
减：银行已付，企业未付	2 000	减：银行已付，企业未付	3 000
调节后的存款余额	693 600	调节后的存款余额	693 600

实训项目内容

（1）准备总账、明细账发生额及余额对照表和银行存款余额调节表各一张。

（2）根据所给的账簿资料编制总账与明细账发生额及余额对照表。

（3）根据所给的详细资料编制银行存款余额调节表。

（4）根据所给的详细资料编制材料实存账存对比表，并进行账务处理。

实训操作条件

在会计手工实训室进行，配备蓝（黑）笔、算盘或计算器，以及各种对账用表。

实训详细资料

（1）海口东方机械厂 2021 年 6 月份原材料总账账户及明细账账户如表 4-43 至表 4-46 所示。

项目4　设置与登记会计账簿

表 4-43　　　　　　　　　　　　　　　总 分 类 账

会计账户名称：原材料　　　　　　　　　　　　　　　　　　　　　　　　　　　　　　　　　第　页

2021年		凭证		摘　要	借方	贷方	借或贷	余额
月	日	字	号		十万千百十元角分	十万千百十元角分		十万千百十元角分
06	01			期初余额			借	8 3 0 0 0 0
	10	科汇	01	01—10日汇总	1 9 5 0 0 0	7 4 0 0 0 0	借	2 8 5 0 0 0
	20	科汇	02	11—20日汇总	3 3 0 0 0 0		借	6 1 5 0 0 0
	30	科汇	03	21—30日汇总		7 0 0 0 0 0	借	5 4 5 0 0 0

表 4-44　　　　　　　　　　　　　　原材料　明细分类账

明细会计账户名称：A 材料　　　　　　　　　　　　　　　　　　　　　　　　　　　　　计量单位：千克

2021年		凭证		摘要	收入			发出			结存		
月	日	字	号		数量	单价	金额	数量	单价	金额	数量	单价	金额
06	01			期初余额							1 500	30	45 000
	02	转	01	生产领用				800	30	24 000	700	30	21 000
	05	银付	03	购进	500	30	15 000				1 200	30	36 000
	10	转	08	生产领用				600	30	18 000	600	30	18 000
	15	转付	09	购进	500	30	15 000				1 100	30	33 000
	30	转	11	销售				100	30	3 000	1 000	30	30 000

表 4-45　　　　　　　　　　　　　　原材料　明细分类账

明细会计账户名称：B 材料　　　　　　　　　　　　　　　　　　　　　　　　　　　　　计量单位：千克

2021年		凭证		摘要	收入			发出			结存		
月	日	字	号		数量	单价	金额	数量	单价	金额	数量	单价	金额
06	01			期初余额							2 000	15	30 000
	01	转	01	生产领用				1 500	15	22 500	500	15	7 500
	08	银付	03	购进	300	15	4 500				800	15	12 000
	10	转	08	生产领用				500	15	7 500	300	15	4 500
	20	银付	09	购进	1 000	15	15 000				1 300	15	19 500

表 4-46　　　　　　　　　　　　　　原材料　明细分类账

明细会计账户名称：C 材料　　　　　　　　　　　　　　　　　　　　　　　　　　　　　计量单位：千克

2021年		凭证		摘要	收入			发出			结存		
月	日	字	号		数量	单价	金额	数量	单价	金额	数量	单价	金额
06	01			期初余额							800	10	8 000
	05	转	01	生产领用				200	10	2 000	600	10	6 000
	15	银付	03	购进	300	10	3 000				900	10	9 000
	22	转	08	管理领用				400	10	4 000	500	10	5 000

(2)海口东方机械厂2021年6月份应收账款总账账户及明细账账户如表4-47至表4-49所示。

表4-47　　　　　　　　　　　　　　总分类账

会计账户名称：应收账款　　　　　　　　　　　　　　　　　　　　　　　　　　　第　　页

2021年		凭证		摘要	借方	贷方	借或贷	余额
月	日	字	号		十万千百十元角分	十万千百十元角分		十万千百十元角分
06	01			期初余额			借	7 5 0 0 0 0
	10	科汇	01	01—10日汇总	1 5 0 0 0 0	3 0 0 0 0 0		
	20	科汇	02	11—20日汇总	5 2 0 0 0 0	3 0 0 0 0 0		
	30	科汇	03	21—30日汇总		7 0 0 0 0 0	借	1 2 0 0 0 0

表4-48　　　　　　　　　　　　　应收账款　明细分类账

明细会计账户名称：晨光公司　　　　　　　　　　　　　　　　　　　　　　　　　第　　页

2021年		凭证		摘要	借方	贷方	借或贷	余额
月	日	字	号		十万千百十元角分	十万千百十元角分		十万千百十元角分
06	01			期初余额			借	2 5 0 0 0 0
	02	转	05	销货应收	1 5 0 0 0 0		借	4 0 0 0 0 0
	12	银收	10	收回货款		3 0 0 0 0 0	借	1 0 0 0 0 0

表4-49　　　　　　　　　　　　　应收账款　明细分类账

明细会计账户名称：广元公司　　　　　　　　　　　　　　　　　　　　　　　　　第　　页

2021年		凭证		摘要	借方	贷方	借或贷	余额
月	日	字	号		十万千百十元角分	十万千百十元角分		十万千百十元角分
06	01			期初余额			借	5 0 0 0 0 0
	08	银收	07	收回货款		3 0 0 0 0 0		2 0 0 0 0 0
	16	转	08	销货应收	5 2 0 0 0 0			7 2 0 0 0 0
	23	银收	11	收回货款		7 0 0 0 0 0	借	2 0 0 0 0

（3）海口东方机械厂2021年6月25—30日银行存款日记账及银行对账单如表4-50、表4-51所示。

表 4-50　　　　　　　　　　　　　　银行存款　日记账
单位：海口东方机械厂　　　　　　　账号：1302035542218　　　　　　　　　　　　　　　第　页

2021年		凭证		摘要	结算凭证		借方	贷方	金额
月	日	字	号		种类	号数	十万千百十元角分	十万千百十元角分	百十万千百十元角分
06	24			余额					2 6 9 8 0 0 0 0
	25	银付	28	付料款	转支	045		2 0 0 0 0 0 0	2 4 9 8 0 0 0 0
	26	银付	29	购文具	转支	046		1 0 4 5 0 0	2 4 8 7 5 5 0 0
	27	银收	08	收货款	电汇		2 3 0 0 0 0 0 0		4 7 8 7 5 5 0 0
	30	银付	30	付货款	电汇			9 0 0 0 0 0 0	3 8 8 7 5 5 0 0
	30	银付	31	修理费	转支	047		2 5 0 0 0 0	3 8 6 2 5 5 0 0
	30	银收	31	收货款	转支	127	4 7 0 0 0 0 0		4 3 3 2 5 5 0 0
	30			本月合计			2 7 7 0 0 0 0 0	1 1 3 5 4 5 0 0	4 3 3 2 5 5 0 0

表 4-51　　　　　　　　　　　　　　　　银行对账单
户名：海口东方机械厂　　　　　　　账号：1302035542218　　　　2021年06月30日　　　　单位：元

2021年		摘要	结算凭证		借方	贷方	余额
月	日		种类	号数			
06	24	余额					269800.00
	26	东江公司	电汇		230000.00		499800.00
	29	利丰公司	转支	045		20000.00	479800.00
	29	天中公司	电汇			90000.00	389800.00
	30	电费	托收			3562.00	386238.00
	30	三环公司	汇票	186	28000.00		414238.00
	30	本月存款利息			368.00		414606.00

（4）海口东方机械厂2021年年末对原材料进行清查后，账面结存和实际结存资料如表4-52、表4-53所示。

表 4-52　　　　　　　　　　　原材料明细账账面结存汇总表
　　　　　　　　　　　　　　　　　2021年12月31日　　　　　　　　　　　　　　单位：元

材料类别	仓库	材料名称及规格	计量单位	账面结存量	实际单位成本
原料及主要材料	1号库	A 材料	千克	1 000	30.00
原料及主要材料	1号库	B 材料	千克	1 300	15.00
辅助材料	1号库	C 材料	千克	500	10.00
燃料	2号库	D 材料	千克	850	6.50
燃料	2号库	E 材料	千克	500	5.20

表 4-53　　　　　　　　　　　　　　　原材料盘存单

2021 年 12 月 31 日　　　　　　　　　　　　　　　　　　　　　　　　单位：元

仓库	材料名称	计量单位	盘点数量	单价	金额	备注
1 号库	A 材料	千克	900	30.00	27 000.00	自然灾害
1 号库	B 材料	千克	1 310	15.00	19 650.00	计量差错
1 号库	C 材料	千克	450	10.00	4 500.00	被盗，属保管责任
2 号库	D 材料	千克	830	6.50	5 395.00	自然损耗
2 号库	E 材料	千克	520	5.20	2 704.00	自然升量

上列材料盘盈盘亏，经领导审核，批复意见如下。

① 因自然灾害毁损的材料，由保险公司赔偿 80%，尚未收款，余者计入营业外支出。

② 计量差错和自然损耗计入管理费用。

③ 因保管不善造成的损失，由保管员赔偿 10%，余者计入管理费用。

附：对账的相关单据如表 4-54 至表 4-57 所示。

表 4-54　　　　　　　　　　原材料总分类账户与明细分类账户核对表

企业名称：海口东方机械厂　　　　　　2021 年 12 月 31 日　　　　　　　　　　　单位：元

明细账户名称	计量单位	单价	期初结存 数量	期初结存 金额	本期发生额 收入（借方）数量	本期发生额 收入（借方）金额	本期发生额 发出（贷方）数量	本期发生额 发出（贷方）金额	期末结存 数量	期末结存 金额
A 材料	千克	30.00								
B 材料	千克	15.00								
C 材料	千克	10.00								
合　计				83 000.00		52 500.00		81 000.00		54 500.00

表 4-55　　　　　　　　　应收账款总分类账户与明细分类账户核对表

企业名称：海口东方机械厂　　　　　　2021 年 12 月 31 日　　　　　　　　　　　单位：元

明细账户名称	期初余额 借方	期初余额 贷方	本期发生额 借方	本期发生额 贷方	期末余额 借方	期末余额 贷方
晨光公司						
广元公司						
合　计	75 000.00		67 000.00	130 000.00	12 000.00	

表 4-56　　　　　　　　　　　　　银行存款余额调节表

企业名称及账号：海口东方机械厂 1302035542218　　2021 年 12 月 31 日　　　　　　单位：元

项目	金额	项目	金额
企业银行存款日记账余额		银行对账单余额	
加：银行已收，企业未收		加：企业已收，银行未收	
减：银行已付，企业未付		减：企业已付，银行未付	
调节后的存款余额	458 061.00	调节后的存款余额	458 061.00

表 4-57　　　　　　　　　　　　　实存账存对比表

企业名称：海口东方机械厂　　　　　　2021 年 12 月 31 日　　　　　　　　　　　　　单位：元

材料类别	材料名称	计量单位	单价	实存 数量	实存 金额	账存 数量	账存 金额	盘盈 数量	盘盈 金额	盘亏 数量	盘亏 金额	备注
主料	A 材料	千克	30.00									自然灾害
主料	B 材料	千克	15.00									计量差错
辅料	C 材料	千克	10.00									被盗
燃料	D 材料	千克	6.50									自然损耗
燃料	E 材料	千克	5.20									自然升量

（1）针对表 4-57 中盘亏材料批准前及批准后进行会计处理。

（2）针对表 4-57 中盘盈材料批准前及批准后进行会计处理。

实训4.6 更正错账

实训目标要求

能够根据会计基础工作规范的要求，采用正确的方法更正错账。

实训案例示范

库存现金日记账如表4-58所示。

表4-58　　　　　　　　　　　　库存现金　日记账

第　页

2021年		凭证		摘要	借方									贷方									余额								
月	日	字	号		十	万	千	百	十	元	角	分	十	万	千	百	十	元	角	分	十	万	千	百	十	元	角	分
12	01			承前页																			3	0	0	0	0	0
12	12	现付	18	购办公用品											8	9	0	0	0				2	1	1	0	0	0
12	13	现付	19	付装卸费												5	0	0	0	0				1	6	1	0	0	0
12	16	银付	23	银行提取			3	0	0	0	0	0												4	6	1	0	0	0
12	20	现付	20	王江出差借款											1	5	0	0	0	0				3	1	1	0	0	0
12	23	现付	21	付困难补助											1	5	3	2	0	0				1	5	7	8	0	0
12	28	现付	22	付医药费												3	5	6	0	0				1	2	2	2	0	0
12	28	银付	29	银行提取			2	0	0	0	0	0												3	2	2	2	0	0

实训项目内容

根据所给每一笔交易或事项所填制或取得的原始凭证，检查所填制的记账凭证和依据记账凭证所登记的账簿记录是否正确。若有错误，请指出是会计记录本身的错误，还是因记账凭证填错而引起的记录错误，并采用正确的方法进行更正。

实训操作条件

在会计手工模拟实训室进行，配备蓝（黑）和红色笔、算盘或计算器。

实训详细资料

海口万通实业有限公司2021年12月部分凭证及账簿资料如下（在年末结账前，请找出差错并采用正确的方法进行更正）。

1. 原始凭证

（1）2021年12月10日，办公室职员刘璐用支票采购办公用品，支票存根如表4-59所示，并取得发票一张。

表 4-59

```
        中国工商银行
        转账支票存根
         02821978
    附加信息
    _____
    _____

    出票日期 2021 年 12 月 10 日
    收款人：利景商厦
    金    额：¥980.00
    用    途：采购办公用品
    单位主管        会计
```

（2）2021 年 12 月 12 日，采购员周涛预借差旅费，经领导批准支付现金 3 000 元。借款单如表 4-60 所示。

表 4-60　　　　　　　　　　　　　借　款　单

借款日期：2021 年 12 月 12 日

部　　门	供应科	借款事由	采购材料
借款金额	金额（大写）人民币叁仟元整	（小写）¥3000.00	
批准金额	金额（大写）人民币叁仟元整	（小写）¥3000.00	
领导	王林	财务主管	周明	借款人	周涛

（3）2021 年 12 月 16 日，收回海口华联商厦物业有限公司交来的转账支票一张，用于归还前欠的货款，当日将支票送存银行。相关单据如表 4-61 所示。

表 4-61　　　　　　　中国工商银行　**进账单**　（收账通知）　　　　　　3

2021 年 12 月 16 日

付款人	全　称	海口华联商厦物业有限公司	收款人	全　称	海口万通实业有限公司	此联是收款人开户银行交给收款人的收账通知
	账　号	211765311862		账　号	267506152352	
	开户银行	中国工商银行海口桂标支行		开户银行	中国工商银行海口南沙支行	
金额	人民币（大写）	叁万元整	亿 千 百 十 万 千 百 十 元 角 分　　　　　¥ 3 0 0 0 0 0 0			
	票据种类	转账支票	票据张数	1	收款人开户银行签章（中国工商银行海口南沙支行 2021.12.16 转讫）	
	票据号码	BOJK20161101				
备注：						
复核 周彭利　　　记账 张山民						

（4）2021 年 12 月 31 日，开出转账支票支付本月电话费，支票存根如表 4-62 所示。

表 4-62

```
中国工商银行
转账支票存根
02821979
附加信息
_____
_____

签发日期 2021 年 12 月 31 日
收款人：网通公司
金    额：¥585.00
用    途：通信费
单位主管        会计
```

（5）2021 年 12 月 31 日，采用信汇方式预付长沙光明实业有限公司材料款 80 000 元。相关单据如表 4-63 所示。

表 4-63　　　　　　　　　中国工商银行　信汇凭证（回单）　　　　　　　1

□普通 □加急　　　　　　　委托日期 2021年12月31日

汇款人	全　称	海口万通实业有限公司	收款人	全　称	长沙光明实业有限公司
	账　号	267506152352		账　号	156494929551
	汇出地点	海南省海口市/县		汇入地点	湖南省长沙市/县
	汇出行名称	中国工商银行海口南沙支行		汇入行名称	中国建设银行长沙王庙支行

金额：人民币（大写）捌万元整　　　千百十万千百十元角分　¥8 0 0 0 0 0 0

支付密码：_____
附加信息及用途：购买甲材料

（中国工商银行海口南沙支行 2021.12.31 转讫）

汇出行签章　　　　复核：王一仙　　　记账：胡为真

2. 记账凭证

记账凭证如表 4-64 至表 4-68 所示。

表 4-64　　　　　　　　　　　　　付　款　凭　证

贷方科目：银行存款　　　　　　　2021 年 12 月 10 日　　　　　　银付字第 18 号

摘　要	借方科目		金　额								
	总账科目	明细科目	百	十	万	千	百	十	元	角	分
采购办公用品	管理费用	办公费					8	9	0	0	0
合　计						¥	8	9	0	0	0

会计主管：周明　　　记账：李立　　　复核：王丽　　　出纳：张虹　　　制单：张虹

项目 4　设置与登记会计账簿

表 4-65

付 款 凭 证

贷方科目：库存现金　　　　　　　2021年12月12日　　　　　　　　　现付字第 20 号

摘 要	借方科目		金 额								
	总账科目	明细科目	百	十	万	千	百	十	元	角	分
预借差旅费	其他应收款	周涛				3	0	0	0	0	
合　计					¥	3	0	0	0	0	

会计主管：周明　　　　记账：李立　　　　复核：王丽　　　　出纳：张虹　　　　制单：张虹

表 4-66

收 款 凭 证

借方科目：银行存款　　　　　　　2021年12月16日　　　　　　　　　银收字第 21 号

摘 要	贷方科目		金 额								
	总账科目	明细科目	百	十	万	千	百	十	元	角	分
收回货款	应付账款	中联商厦			1	7	0	0	0	0	0
合　计				¥	1	7	0	0	0	0	0

会计主管：周明　　　　记账：李立　　　　复核：王丽　　　　出纳：张虹　　　　制单：张虹

表 4-67

付 款 凭 证

贷方科目：银行存款　　　　　　　2021年12月31日　　　　　　　　　银付字第 52 号

摘 要	借方科目		金 额								
	总账科目	明细科目	百	十	万	千	百	十	元	角	分
支付话费	管理费用	电话费					5	8	5	0	0
合　计						¥	5	8	5	0	0

会计主管：周明　　　　记账：李立　　　　复核：王丽　　　　出纳：张虹　　　　制单：张虹

表 4-68

付 款 凭 证

贷方科目：银行存款　　　　　　　2021年12月31日　　　　　　　　　银付字第 82 号

摘 要	借方科目		金 额								
	总账科目	明细科目	百	十	万	千	百	十	元	角	分
预付货款	预付账款	长沙光明实业有限公司				8	0	0	0	0	0
合　计					¥	8	0	0	0	0	0

会计主管：周明　　　　记账：李立　　　　复核：王丽　　　　出纳：张虹　　　　制单：张虹

93

3. 账簿资料

账簿资料如表 4-69 至表 4-75 所示。

表 4-69　　　　　　　　　　　　　银行存款　日记账

种类：结算户存款　　　　　　　　账号：267834678984412

2021年		凭证		摘要	借方	贷方	借或贷	余额
月	日	字	号		十万千百十元角分	十万千百十元角分		十万千百十元角分
12	01			承前页			借	1 6 6 9 0 0 0 0
12	10	银付	18	采购办公用品		8 9 0 0 0	借	
				（略）	5 2 0 0 0 0 0			
12	16	银收	21	收货款	1 7 0 0 0 0 0		借	
				（略）				
12	31	银付	52	支付电话费		5 8 5 0 0 0	借	
				（略）				
12	31	银付	82	预付货款		8 0 0 0 0 0 0	借	

表 4-70　　　　　　　　　　　　　库存现金　日记账

2021年		凭证		摘要	借方	贷方	借或贷	余额
月	日	字	号		十万千百十元角分	十万千百十元角分		十万千百十元角分
12	05			承前页			借	4 2 0 0 0 0
12	12	现付	20	预借差旅费		3 0 0 0 0		

表 4-71　　　　　　　　　　　　　管理费用　明细账

2021年		凭证		摘要	办公费	水电费	保险费	其他	合计
月	日	字	号						
12	10	银付	18	采购办公用品	890				890
12	31	银付	52	支付电话费				5850	5850

表 4-72　　　　　　　　　　　　　其他应收款　明细分类账

账户名称：周涛

2021年		凭证		摘要	借方	贷方	借或贷	余额
月	日	字	号		十万千百十元角分	十万千百十元角分		十万千百十元角分
12	12	现付	20	借差旅费	3 0 0 0 0			

表 4-73

应付账款　明细分类账

账户名称：中联商厦

2021年		凭证		摘要	借方	贷方	借或贷	余额
月	日	字	号		十万千百十元角分	十万千百十元角分		十万千百十元角分
12	16			承前页			贷	5 0 0 0 0 0 0
12	16	银收	21	收货款		1 7 0 0 0 0 0		

表 4-74

预付账款　明细分类账

账户名称：长沙光明实业有限公司

2021年		凭证		摘要	借方	贷方	借或贷	余额
月	日	字	号		十万千百十元角分	十万千百十元角分		十万千百十元角分
12	31	银付	82	预付货款	8 0 0 0 0 0			

表 4-75

应收账款　明细分类账

账户名称：华联商厦

2021年		凭证		摘要	借方	贷方	借或贷	余额
月	日	字	号		十万千百十元角分	十万千百十元角分		十万千百十元角分
12	01			承前页			借	3 0 0 0 0 0 0

实训4.7　结　账

实训目标要求

能够按照期末结账的基本要求和基本方法，办理月末、年末结账手续，以及在新会计年度更换新账。

实训案例示范

银行存款日记账如表 4-76 所示。

表 4-76　　　　　　　　　　　　　　　银行存款　日记账

种类：结算户存款　　　　　　　　　账号：1302035542218　　　　　　　　　　　　　　　第　页

2021年		凭证		摘要	结算凭证		借方	贷方	金额
月	日	字	号		种类	号数	十万千百十元角分	十万千百十元角分	百十万千百十元角分
06	24			承前页					2 6 3 2 0 0 0 0
06	25	银付	28	付料款	转支	2045		2 0 0 0 0 0 0	2 4 3 2 0 0 0 0
06	26	银付	29	购文具	转支	2046		1 0 4 5 0 0	2 4 2 1 5 5 0 0
06	27	银收	08	收货款	电汇		2 3 0 0 0 0 0 0		4 7 2 1 5 5 0 0
06	30	银付	30	付货款	电汇			9 0 0 0 0 0 0 0	3 7 9 6 5 5 0 0
06	30	银付	31	修理费	转支	2047		2 5 0 0 0	3 7 9 4 0 5 0 0
06	30	银收	10	收货款	转支	5127	4 7 0 0 0 0 0		4 2 6 6 5 5 0 0
06	30			月合计			2 7 7 0 0 0 0 0	1 1 3 5 4 5 0 0	4 2 6 6 5 5 0 0

👉 实训项目内容

（1）根据所给账簿对日记账、明细账、总账进行月末、年末结账处理。

（2）更换新账。

👉 实训操作条件

在会计手工实训室进行，配备蓝（黑）笔、算盘或计算器。

👉 实训详细资料

1. 月末结账资料

欣欣有限责任公司2021年有关的日记账、明细账和总账资料如表4-77至表4-83所示。

表 4-77　　　　　　　　　　　　　　　库存现金　日记账　　　　　　　　　　　　　　　第　页

2021年		凭证		摘要	借方	贷方	余额
月	日	字	号		十万千百十元角分	十万千百十元角分	十万千百十元角分
01	01			上年结转			5 0 0 0 0
01	22	现付	20	预付差旅费		1 1 0 0 0 0	3 9 0 0 0
01	23	现收	10	收货款	5 0 0 0 0		4 4 0 0 0
01	23	现付	21	零星购料		8 0 0 0	3 6 0 0 0
01	24	现付	22	购办公用品		2 6 0 0	3 3 4 0 0
01	25	银付	20	提取现金	2 0 0 0 0 0		5 3 4 0 0
01	26	现收	11	收张军现金	3 2 0 0 0		5 6 6 0 0
01	27	现付	23	付运费		1 6 0 0 0	4 0 6 0 0
01	28	银付	26	提现备发工资	2 8 6 0 0 0		2 6 6 0 0
01	28	现付	24	发放工资		2 8 6 0 0 0	4 0 6 0 0
01	30	现付	25	付卫生费		5 2 0 0 0	3 5 4 0 0

表 4-78 总分类账

会计科目：原材料　　　　　　　　　　　　　　　　　　　　　　　　　　　　　第　页

2021年 月	日	凭证 字	号	摘要	借方	贷方	借或贷	余额
09	01			期初余额			借	182 260 00
09	10	科汇	01	01—10日汇总	39 620 00	8 430 00		
09	20	科汇	02	11—20日汇总	3 710 00	7 421 00		
09	30	科汇	03	21—30日汇总	2 883 00	5 700 00	借	72 189 00

表 4-79 应付账款　明细分类账

明细科目：鸿运公司　　　　　　　　　　　　　　　　　　　　　　　　　　　　第　页

2021年 月	日	凭证 字	号	摘要	借方	贷方	借或贷	余额
09	08	转字	08	购入甲材料		3 800 00	贷	3 800 00
09	15	转字	11	购入乙材料		7 260 00	贷	11 060 00
09	20	银付	19	偿还货款	5 000 00		贷	6 060 00
09	26	转字	13	购入甲材料		2 700 00	贷	8 760 00

表 4-80 总分类账

会计科目：短期借款　　　　　　　　　　　　　　　　　　　　　　　　　　　　第　页

2021年 月	日	凭证 字	号	摘要	借方	贷方	借或贷	余额
09	01			期初余额			贷	15 000 00
09	10	科汇	01	01—10日汇总		5 000 00	贷	20 000 00
09	30	科汇	02	11—20日汇总	8 000 00		贷	12 000 00

表 4-81 原材料　明细分类账

明细科目：A材料　　　　　　　　　　　　　　　　　　　　　　　　　　　　　第　页

2021年 月	日	凭证 字	号	摘要	收入 数量	单价	金额	发出 数量	单价	金额	结存 数量	单价	金额
09	01			期初余额							1000	30	30000
09	02	转字	01	生产领用				500	30	15000	500	30	15000
09	05	转字	03	购进	800	30	24000				1300	30	39000
09	10	转字	08	生产领用				600	30	18000	700	30	21000
09	25	转字	09	购进	500	30	15000				1200		36000

表 4-82
应付职工薪酬　明细分类账

明细科目：职工福利　　　　　　　　　　　　　　　　　　　　　　　　　　　　　第　页

2021年		凭证		摘要	借方	贷方	借或贷	余额
月	日	字	号		十万千百十元角分	十万千百十元角分		十万千百十元角分
12	01			期初余额			贷	1 2 0 0 0 0 0
12	10	现付	12	付职工医药费	6 8 5 0 0		贷	1 1 3 1 5 0 0
12	25	现付	15	付职工困难补助	3 0 0 0 0 0		贷	8 3 1 5 0 0
12	30	转字	18	计提福利费		1 6 8 0 0 0	贷	9 9 9 5 0 0

表 4-83
实收资本　明细分类账

明细科目：华南公司　　　　　　　　　　　　　　　　　　　　　　　　　　　　　第　页

2021年		凭证		摘要	借方	贷方	借或贷	余额
月	日	字	号		十万千百十元角分	十万千百十元角分		十万千百十元角分
01	01			上年结转				8 0 0 0 0 0 0
06	02	银收	12	追加投资		5 0 0 0 0 0 0		8 5 0 0 0 0 0

2. 年末结账资料

海口欣欣实业有限公司"主营业务收入"账户2021年1—11月累计贷方发生额282 300.00元，累计贷方发生额282 300.00元。12月账户资料如表4-84所示，请据此进行2021年12月份月结和年结。

表 4-84
总分类账

会计科目：主营业务收入　　　　　　　　　　　　　　　　　　　　　　　　　　第　页

2021年		凭证		摘要	借方	贷方	借或贷	余额
月	日	字	号		十万千百十元角分	十万千百十元角分		十万千百十元角分
12	02	转字	03	销售产品		4 1 5 0 0 0 0	贷	4 1 5 0 0 0 0
12	06	转字	08	销售产品		3 5 0 0 0 0 0	贷	7 6 5 0 0 0 0
12	15	银收	10	销售产品		2 8 0 0 0 0 0	贷	1 0 4 5 0 0 0 0
12	20	银收	15	销售产品		2 1 0 0 0 0 0	贷	1 2 5 5 0 0 0 0
12	25	转字	11	销售产品		2 8 6 0 0 0 0	贷	1 5 4 1 0 0 0 0
12	31	转字	26	转本年利润	1 5 4 1 0 0 0 0		平	0

项目 5 编制基本会计报表

实训5.1 编制资产负债表

实训目标要求

能够初步根据账簿资料编制资产负债表。

实训案例示范

资产负债表如表 5–1 所示。

表 5–1 资产负债表 会企 01 表

编制单位：海口四方实业有限公司 2021 年 12 月 31 日 单位：元

资　产	期末余额	年初余额	负债和所有者权益	期末余额	年初余额
流动资产：			流动负债：	8 000	
货币资金	103 953		短期借款		
交易性金融资产	20 000		交易性金融负债		
衍生金融资产			衍生金融负债		
应收票据	15 000		应付票据	26 000	
应收账款			应付账款		
预付款项	8 000		预收款项	32 000	
其他应收款	3 000		合同负债		
存货	26 500		应付职工薪酬	28 700	
合同资产			应交税费	10 900	
持有待售资产			其他应付款	5 800	
一年内到期的非流动资产			持有待售负债		
其他流动资产			一年内到期的非流动负债		
流动资产合计	176 453		其他流动负债		
非流动资产：			流动负债合计	183 400	
债权投资	25 000		非流动负债：		
其他债权投资			长期借款	120 000	
长期应收款			应付债券	30 000	
长期股权投资	50 000		长期应付款		
其他权益工具投资			预计负债		
其他非流动金融资产			递延收益		
固定资产	260 000		其他非流动负债		

（续表）

资产	期末余额	年初余额	负债和所有者权益	期末余额	年初余额
在建工程			非流动负债合计	150 000	
生产性生物资产			负债合计	333 400	
油气资产			所有者权益（或股东权益）：		
无形资产	30 000		实收资本（或股本）	200 000	
开发支出			其他权益工具		
商誉			资本公积		
长期待摊费用			减：库存股		
递延所得税资产			其他综合收益		
其他非流动资产			盈余公积	8 053	
非流动资产合计	365 000		未分配利润		
			所有者权益合计	208 053	
资产总计	541 453		负债和所有者权益总计	541 453	

实训项目内容

（1）根据所给账簿资料试算平衡。

（2）根据总账及有关明细账期末余额计算填列资产负债表各项目金额，完成资产负债表的编制工作。

实训操作条件

在会计手工实训室进行，配备蓝（黑）笔、算盘或计算器。

实训详细资料

海口欣欣实业有限公司2021年6月30日全部总账账户及有关明细账账户的期末余额如表5-2至表5-23所示。

表5-2　　　　　　　　　　　　总 分 类 账

会计科目：库存现金　　　　　　　　　　　　　　　　　　　　　　　　　第　　页

2021年		凭证字号	摘要	借方	贷方	借或贷	余额
月	日						
06	01		期初余额			借	1 000 00
06	10	汇字01	01—10日汇总		300 00		
06	20	汇字02	11—20日汇总	2 600 00	1 830 00		
06	30	汇字03	21—30日汇总	1 000 00	1 670 00	借	800 00

表5-3　　　　　　　　　　　　总 分 类 账

会计科目：银行存款　　　　　　　　　　　　　　　　　　　　　　　　　第　　页

2021年		凭证字号	摘要	借方	贷方	借或贷	余额
月	日						
06	01		期初余额			借	86 000 00
06	10	汇字01	01—10日汇总	31 800 00	46 300 00		
06	20	汇字02	11—20日汇总	22 500 00	51 000 00		
06	30	汇字03	21—30日汇总	41 750 00	14 750 00	借	70 000 00

项目5 编制基本会计报表

表 5-4

总分类账

会计科目：应收账款   第　页

2016年		凭证		摘要	借方	贷方	借或贷	余额
月	日	字	号					
06	01			期初余额			借	5 000 00
06	10	汇字	01	01—10日汇总		5 000 00		
06	20	汇字	02	11—20日汇总	1 200 00	880 00	借	320 00

表 5-5

总分类账

会计科目：交易性金融资产   第　页

2021年		凭证		摘要	借方	贷方	借或贷	余额
月	日	字	号					
06	01			期初余额			借	6 500 00
06	20	汇字	02	11—20日汇总	200 000	700 000	借	1 500 00

表 5-6

总分类账

会计科目：预付账款   第　页

2021年		凭证		摘要	借方	贷方	借或贷	余额
月	日	字	号					
06	01			期初余额			借	2 500 00
06	10	汇字	02	01—10日汇总		1 500 00	借	1 000 00

表 5-7

总分类账

会计科目：其他应收款   第　页

2021年		凭证		摘要	借方	贷方	借或贷	余额
月	日	字	号					
06	01			期初余额			借	600 00
06	20	汇字	02	11—20日汇总		500 00	借	
06	30	汇字	03	21—30日汇总	200 00	100 00	借	200 00

表 5-8　　　　　　　　　　　　　　　　总分类账

会计科目：原材料　　　　　　　　　　　　　　　　　　　　　　　　　　　　　　第　页

2021年		凭证字号	摘要	借方	贷方	借或贷	余额
月	日			十万千百十元角分	十万千百十元角分		十万千百十元角分
06	01		期初余额			借	7 5 0 0 0 0 0
06	10	汇字 01	01—10日汇总	6 0 0 0 0 0	5 0 0 0 0 0		
06	20	汇字 02	11—20日汇总	5 2 0 0 0 0	5 6 0 0 0 0		
06	30	汇字 03	21—30日汇总	2 0 0 0 0 0	7 6 0 0 0 0	借	7 0 0 0 0 0 0

表 5-9　　　　　　　　　　　　　　　　总分类账

会计科目：库存商品　　　　　　　　　　　　　　　　　　　　　　　　　　　　　第　页

2021年		凭证字号	摘要	借方	贷方	借或贷	余额
月	日			十万千百十元角分	十万千百十元角分		十万千百十元角分
06	01		期初余额			借	4 2 0 0 0 0
06	30	汇字 03	21—30日汇总	3 7 5 0 0 0 0	1 4 5 0 0 0 0	借	6 5 0 0 0 0

表 5-10　　　　　　　　　　　　　　　　总分类账

会计科目：生产成本　　　　　　　　　　　　　　　　　　　　　　　　　　　　　第　页

2021年		凭证字号	摘要	借方	贷方	借或贷	余额
月	日			十万千百十元角分	十万千百十元角分		十万千百十元角分
06	01		期初余额			借	1 3 0 0 0 0
06	10	汇字 01	01—10日汇总	2 9 4 0 0 0			
06	20	汇字 02	11—20日汇总	1 6 8 0 0 0			
06	30	汇字 03	21—30日汇总	3 0 0 0 0 0	6 6 0 0 0 0	借	2 3 2 0 0 0

表 5-11　　　　　　　　　　　　　　　　总分类账

会计科目：固定资产　　　　　　　　　　　　　　　　　　　　　　　　　　　　　第　页

2021年		凭证字号	摘要	借方	贷方	借或贷	余额
月	日			十万千百十元角分	十万千百十元角分		十万千百十元角分
06	01		期初余额			借	5 5 0 0 0 0 0 0
06	20	汇字 02	11—20日汇总	9 6 0 0 0 0		借	6 4 6 0 0 0 0 0

表 5-12 总分类账

会计科目：累计折旧　　　　　　　　　　　　　　　　　　　　　　　　　　　　　第　页

2021年		凭证字号	摘要	借方	贷方	借或贷	余额
月	日						
06	01		期初余额			贷	1 5 0 0 0 0 0
06	30	汇字 03	21—30日汇总		5 0 0 0 0 0	贷	2 0 0 0 0 0 0

表 5-13 总分类账

会计科目：短期借款　　　　　　　　　　　　　　　　　　　　　　　　　　　　　第　页

2021年		凭证字号	摘要	借方	贷方	借或贷	余额
月	日						
06	01		期初余额			贷	7 5 0 0 0 0 0
06	20	汇字 02	11—20日汇总		1 5 0 0 0 0 0	贷	9 0 0 0 0 0 0

表 5-14 总分类账

会计科目：应付账款　　　　　　　　　　　　　　　　　　　　　　　　　　　　　第　页

2021年		凭证字号	摘要	借方	贷方	借或贷	余额
月	日						
06	01		期初余额			贷	7 5 0 0 0 0 0
06	10	汇字 01	01—10日汇总	2 5 0 0 0 0 0	6 0 0 0 0 0 0		
06	30	汇字 03	21—30日汇总	1 2 2 0 0 0 0	5 0 0 0 0 0 0	贷	3 8 0 0 0 0 0

表 5-15 总分类账

会计科目：预收账款　　　　　　　　　　　　　　　　　　　　　　　　　　　　　第　页

2021年		凭证字号	摘要	借方	贷方	借或贷	余额
月	日						
06	01		期初余额			贷	2 0 0 0 0 0
06	30	汇字 03	21—30日汇总	6 0 0 0 0 0	1 0 0 0 0 0 0	贷	6 0 0 0 0 0

表 5-16 总分类账

会计科目：其他应付款　　　　　　　　　　　　　　　　　　　　　　　　　　　　　第　页

2021年		凭证字号	摘要	借方	贷方	借或贷	余额
月	日						
06	01		期初余额			贷	2 0 0 0 0 0
06	10	汇字 01	01—10日汇总	4 0 0 0 0 0	6 0 0 0 0 0	贷	4 0 0 0 0 0

表 5-17

总分类账

会计科目：应付职工薪酬　　　　　　　　　　　　　　　　　　　　　　　　　　　第　页

2021年		凭证		摘要	借方									贷方									借或贷	余额								
月	日	字	号		十	万	千	百	十	元	角	分	十	万	千	百	十	元	角	分		十	万	千	百	十	元	角	分
06	01			期初余额																	贷		3	1	5	0	0	0	0
06	10	汇字	01	01—10日汇总		3	1	5	0	0	0	0																	
06	30	汇字	03	21—30日汇总										3	2	4	0	0	0	0	贷		3	2	4	0	0	0	0

表 5-18

总分类账

会计科目：应交税费　　　　　　　　　　　　　　　　　　　　　　　　　　　　　第　页

2021年		凭证		摘要	借方									贷方									借或贷	余额								
月	日	字	号		十	万	千	百	十	元	角	分	十	万	千	百	十	元	角	分		十	万	千	百	十	元	角	分
06	01			期初余额																	贷			1	1	7	0	0	0	0
06	10	汇字	01	01—10日汇总			1	1	7	0	0	0	0			3	4	0	0	0	0									
06	20	汇字	02	11—20日汇总												2	5	5	0	0	0										
06	30	汇字	03	21—30日汇总												4	8	5	0	0	0	贷		1	0	8	0	0	0	0

表 5-19

总分类账

会计科目：长期借款　　　　　　　　　　　　　　　　　　　　　　　　　　　　　第　页

2021年		凭证		摘要	借方									贷方									借或贷	余额								
月	日	字	号		十	万	千	百	十	元	角	分	十	万	千	百	十	元	角	分		十	万	千	百	十	元	角	分
06	01			期初余额																	贷		6	0	0	0	0	0	0
06	10	汇字	01	01—10日汇总			1	0	0	0	0	0	0			6	0	0	0	0	0	贷		5	6	0	0	0	0	0

表 5-20

总分类账

会计科目：实收资本　　　　　　　　　　　　　　　　　　　　　　　　　　　　　第　页

2021年		凭证		摘要	借方									贷方									借或贷	余额								
月	日	字	号		十	万	千	百	十	元	角	分	十	万	千	百	十	元	角	分		十	万	千	百	十	元	角	分
06	01			期初余额																	贷	5	0	0	0	0	0	0	0
06	10	汇字	01	01—10日汇总										5	0	0	0	0	0	0	贷	5	5	0	0	0	0	0	0

表 5-21

总分类账

会计科目：盈余公积　　　　　　　　　　　　　　　　　　　　　　　　　　　　　第　页

2021年		凭证		摘要	借方									贷方									借或贷	余额								
月	日	字	号		十	万	千	百	十	元	角	分	十	万	千	百	十	元	角	分		十	万	千	百	十	元	角	分
06	01			期初余额																	贷			2	4	0	0	0	0

项目5 编制基本会计报表

表 5-22

总 分 类 账

会计科目：利润分配

第　页

2021年		凭证字号	摘　要	借方 十万千百十元角分	贷方 十万千百十元角分	借或贷	余额 十万千百十元角分
月	日						
06	01		期初余额			贷	6 2 0 6 1 0 0

表 5-23

总 分 类 账

会计科目：本年利润

第　页

2021年		凭证字号	摘　要	借方 十万千百十元角分	贷方 十万千百十元角分	借或贷	余额 十万千百十元角分
月	日						
01	31		略				0
02	28		略				0
03	31		略				0
04	30		略				0
05	31		略				0
06	30	转	21—31日汇总	1 4 9 8 6 1 0 0	1 6 1 6 0 0 0 0	贷	1 1 9 3 9 0 0

请根据上述资料编制资产负债表，如表 5-24 所示

表 5-24

资产负债表

会企01表

编制单位：海口欣欣实业有限公司　　　　　2021年12月31日　　　　　　　　单位：元

资产	期末余额	年初余额	负债和所有者权益	期末余额	年初余额
流动资产：			流动负债：		
货币资金			短期借款		
交易性金融资产			交易性金融负债		
衍生金融资产			衍生金融负债		
应收票据			应付票据		
应收账款			应付账款		
预付款项			预收款项		
其他应收款			合同负债		
存货			应交税费		
其他应收款			应付利息		
存货			应付职工薪酬		
合同资产			应交税费		
持有待售资产			其他应付款		
一年内到期的非流动资产			持有待售负债		
其他流动资产			一年内到期的非流动负债		
流动资产合计			其他流动负债		
非流动资产：			流动负债合计		
债权投资			非流动负债：		

（续表）

资产	期末余额	年初余额	负债和所有者权益	期末余额	年初余额
其他债权投资			长期借款		
长期应收款			应付债券		
长期股权投资			长期应付款		
其他权益工具投资			预计负债		
其他非流动金融资产			递延收益		
投资性房地产			其他非流动负债		
固定资产			非流动负债合计		
在建工程			负债合计		
生产性生物资产			所有者权益（或股东权益）：		
油气资产			实收资本（或股本）		
无形资产			其他权益工具		
开发支出			资本公积		
商誉			减：库存股		
长期待摊费用			其他综合收益		
递延所得税资产			盈余公积		
其他非流动资产			未分配利润		
非流动资产合计			所有者权益合计		
资产总计			负债和所有者权益总计		

实训5.2 编制利润表

实训目标要求

在理解利润表的编制原理的基础上，能够初步编制利润表。

实训案例示范

利润表如表5-25所示。

表5-25　　　　　　　　　　　　　　利润表　　　　　　　　　　　　　　会企02表
编制单位：海口四方实业有限公司　　　　2021年12月　　　　　　　　　　单位：元

项　目	本期金额	上期金额
一、营业收入	156 000	125 000
减：营业成本	117 200	92 800
税金及附加	7 160	7 500
销售费用	3 000	3 600
管理费用	9 620	6 800
研发费用		
财务费用	1 900	2 300
其中：利息费用		
利息收入		
资产减值损失		

（续表）

项　　目	本期金额	上期金额
信用减值损失		
加：其他收益（损失以"-"号填列）		
投资收益（损失以"-"号填列）	3 760	3 760
其中：对联营企业和合营企业的投资收益		
净敞口套期收益（损失以"-"号填列）		
公允价值变动收益（损失以"-"号填列）		
资产处置收益（损失以"-"号填列）		
二、营业利润（亏损以"-"号填列）	20 880	15 760
加：营业外收入		2 000
减：营业外支出	1 200	
三、利润总额（亏损总额以"-"号填列）	19 680	17 760
减：所得税费用	6 494	5 861
四、净利润（净亏损以"-"号填列）	13 186	11 899
（一）持续经营净利润（净亏损以"-"号填列）		
（二）终止经营净利润（净亏损以"-"号填列）		
五、其他综合收益的税后净额		
（一）以后不能重分类进损益的其他综合收益		
（二）以后将重分类进损益的其他综合收益		
其中：其他债权投资公允价值变动损益		
六、综合收益总额		
七、每股收益		
（一）基本每股收益		
（二）稀释每股收益		

实训项目内容

根据所给账簿资料的本月发生额逐项填列和计算利润表的本期金额。

实训操作条件

在会计手工实训室进行，配备蓝（黑）笔、算盘或计算器。

实训详细资料

海口欣欣实业有限公司 2021 年 6 月份有关损益类账户如表 5-26 至表 5-34 所示。

表 5-26　　　　　　　　　　　　总分类账　　　　　　　　　　　　　　第　页

会计科目：主营业务收入

2021年		凭证		摘要	借方 十万千百十元角分	贷方 十万千百十元角分	借或贷	余额 十万千百十元角分
月	日	字	号					
06	10	汇字	01	01—10日汇总		4 5 0 0 0 0 0	贷	4 5 0 0 0 0 0
06	20	汇字	02	11—20日汇总		5 2 0 0 0 0 0		
06	30	汇字	03	21—30日汇总	1 6 1 0 0 0 0 0	6 4 0 0 0 0 0	平	0

表5-27   总分类账

会计科目：主营业务成本   第　页

2021年		凭证		摘要	借方								贷方								借或贷	余额							
月	日	字	号		十	万	千	百	十	元	角	分	十	万	千	百	十	元	角	分		十	万	千	百	十	元	角	分
06	10	汇字	01	01—10日汇总			3	6	0	0	0	0									借			3	6	0	0	0	0
06	20	汇字	02	11—20日汇总			5	0	9	0	0	0																	
06	30	汇字	03	21—30日汇总			4	1	1	0	0	0			1	2	8	0	0	0	平						0		

表5-28   总分类账

会计科目：税金及附加   第　页

2021年		凭证		摘要	借方								贷方								借或贷	余额							
月	日	字	号		十	万	千	百	十	元	角	分	十	万	千	百	十	元	角	分		十	万	千	百	十	元	角	分
06	10	汇字	01	01—10日汇总				1	3	5	0	0									借				1	3	5	0	0
06	20	汇字	02	11—20日汇总				1	5	6	0	0																	
06	30	汇字	03	21—30日汇总				1	9	2	0	0				4	8	3	0	0	平						0		

表5-29   总分类账

会计科目：销售费用   第　页

2021年		凭证		摘要	借方								贷方								借或贷	余额							
月	日	字	号		十	万	千	百	十	元	角	分	十	万	千	百	十	元	角	分		十	万	千	百	十	元	角	分
06	10	汇字	01	01—10日汇总				1	0	0	0	0									借				1	0	0	0	0
06	30	汇字	03	21—30日汇总					8	5	0	0				1	8	5	0	0	平						0		

表5-30   总分类账

会计科目：管理费用   第　页

2021年		凭证		摘要	借方								贷方								借或贷	余额							
月	日	字	号		十	万	千	百	十	元	角	分	十	万	千	百	十	元	角	分		十	万	千	百	十	元	角	分
06	10	汇字	01	01—10日汇总				4	5	0	0	0									借				4	5	0	0	0
06	30	汇字	03	21—30日汇总				3	3	0	0	0				7	8	0	0	0	平						0		

表5-31   总分类账

会计科目：财务费用   第　页

2021年		凭证		摘要	借方								贷方								借或贷	余额							
月	日	字	号		十	万	千	百	十	元	角	分	十	万	千	百	十	元	角	分		十	万	千	百	十	元	角	分
06	20	汇字	02	11—20日汇总					2	0	0	0									借					2	0	0	0
06	30	汇字	03	21—30日汇总				1	0	0	0	0				1	2	0	0	0	平						0		

表 5-32

会计科目：营业外收入

总 分 类 账

第　页

2021年		凭证		摘　要	借方								贷方								借或贷	余　额							
月	日	字	号		十	万	千	百	十	元	角	分	十	万	千	百	十	元	角	分		十	万	千	百	十	元	角	分
06	30	汇字	03	21—30日汇总				8	0	0	0	0				8	0	0	0	0	平						0		

表 5-33

会计科目：营业外支出

总 分 类 账

第　页

2021年		凭证		摘　要	借方								贷方								借或贷	余　额							
月	日	字	号		十	万	千	百	十	元	角	分	十	万	千	百	十	元	角	分		十	万	千	百	十	元	角	分
06	10	汇字	02	01—10日汇总				3	0	0	0	0									借				3	0	0	0	0
06	30	汇字	03	21—30日汇总												3	0	0	0	0	平						0		

表 5-34

会计科目：所得税费用

总 分 类 账

第　页

2021年		凭证		摘　要	借方								贷方								借或贷	余　额							
月	日	字	号		十	万	千	百	十	元	角	分	十	万	千	百	十	元	角	分		十	万	千	百	十	元	角	分
06	30	汇字	03	21—30日汇总			5	8	8	1	0	0			5	8	8	1	0	0	平						0		

根据上述资料计算利润表的本期金额，如表 5-35 所示。

表 5-35

利润表

会企 02 表

编制单位：海口欣欣实业有限公司　　　2021年12月　　　　　　　　　单位：元

项　目	本期金额	上期金额
一、营业收入		
减：营业成本		
税金及附加		
销售费用		
管理费用		
研发费用		
财务费用		
其中：利息费用		
利息收入		
资产减值损失		
信用减值损失		
加：其他收益（损失以"-"号填列）		
投资收益（损失以"-"号填列）		
其中：对联营企业和合营企业的投资收益		
净敞口套期收益（损失以"-"号填列）		
公允价值变动收益（损失以"-"号填列）		
资产处置收益（损失以"-"号填列）		

（续表）

项　目	本期金额	上期金额
二、营业利润（亏损以"-"号填列）		
加：营业外收入		
减：营业外支出		
三、利润总额（亏损总额以"-"号填列）		
减：所得税费用		
四、净利润（净亏损以"-"号填列）		
（一）持续经营净利润（净亏损以"-"号填列）		
（二）终止经营净利润（净亏损以"-"号填列）		
五、其他综合收益的税后净额		
（一）以后不能重分类进损益的其他综合收益		
（二）以后将重分类进损益的其他综合收益		
其中：其他债权投资公允价值变动损益		
六、综合收益总额		
七、每股收益		
（一）基本每股收益		
（二）稀释每股收益		

项目 6 会计基础完整经济业务实训

实训目标要求

能够熟练掌握记账凭证、汇总记账凭证及科目汇总表账务处理程序核算形式的特点,并运用这3种账务处理程序对增值税一般纳税人进行会计处理。重点掌握科目汇总表账务处理程序,并对增值税一般纳税人进行会计处理。根据下面所提供的实训详细资料(一)和实训详细资料(二)的完整经济业务,分别编制或登记相关的记账凭证、科目汇总表、账簿、资产负债表及利润表。

实训案例示范

示范案例详见项目1至项目5。

实训项目内容

(1)根据实训详细资料(一)和实训详细资料(二)的完整经济业务,填制、审核原始凭证。

(2)根据原始凭证填制通用记账凭证。

(3)根据填制完整的原始凭证和记账凭证登记库存现金日记账及银行存款日记账和各种明细分类账。

(4)根据填制的通用记账凭证编制科目汇总表。

(5)根据编制的科目汇总表登记总分类账。

(6)根据登记的库存现金日记账、银行存款日记账、明细分类账和总分类账编制资产负债表和利润表。

实训操作条件

在会计手工实训室进行,配备蓝(黑)笔、算盘或计算器。

实训详细资料(一)

企业概况

海口时宏实业有限公司为增值税一般纳税人,增值税税率为13%,该生产企业设有行政管理部、财务部、供应部、仓储部、生产部、销售部。生产部门有一个基本生产车间,生产A、B两种产品,制造费用按照产品生产工人工资比例进行分配。公司注册地址:海口市海秀路18

号，联系电话：0898-65835166。统一社会信用代码：91460100767477453U；开户银行：中国工商银行海口南沙支行；账号：267506190241。

海口时宏实业有限公司的主要人员分配情况：

行政管理部，法定代表人（总经理）：林正国；副总经理：刘卓廷

办公室主任：张有田；办公室文员：张海泉、邱超群

财务部，财务主管：尹依朝；会计：赵美媛；出纳：周敏

供应部，采购主管：蔡秋德；采购员：李亿进

仓储部，仓储主管（验收主管、发料主管）：高冬欣

仓储管理员（验收人、发料人）：吴迪桂

生产部，车间主管（领料主管）：王康良；车间管理员（领料人）：林雄席

销售部，销售主管：孙志强；销售管理员：沈道仙

海口时宏实业有限公司2021年11月份发生以下经济业务。

（1）1日，收到股东海口硕江设备有限公司投入的注册资本180 000元，款项存入银行，如表6-1、表6-2所示。

（2）1日，从中国工商银行海口南沙支行借入临时生产经营周转款项60 000元，期限为9个月、年利率为3%，款项已存入银行，如表6-3、表6-4所示。

（3）2日，收到股东广州佳林商贸有限公司投入的注册资本120 000元，款项已存入银行，如表6-5、表6-6所示。

（4）3日，出纳人员周敏到银行购买现金支票和转账支票，直接从银行转账支付手续费140元，如表6-7所示。第一联银行盖章后退回单位。

（5）4日，签发现金支票一张，从银行提取现金2 000元，如表6-8所示。

（6）5日，开出转账支票一张，支付海南诚信会计师事务所为本公司注册资本进行审验而发生的验资费402.80元，如表6-9至表6-11所示。

（7）8日，以现金支付财务科赵美媛购买的账簿、笔墨等办公用品费用180.80元。取得的发票如表6-12所示。

（8）9日，开出转账支票一张，支付租用海口万和物业有限公司房屋的押金2 600元。相关单据如表6-13至表6-15所示。

（9）10日，以现金支付行政办公室工作人员张海泉报销工商登记注册的费用114.48元。取得的发票如表6-16所示。

（10）11日，开出转账支票一张，支付租用海口万和物业有限公司房屋的2021年11月份租金1 417元，其中，基本生产车间租金400元，销售部门租金300元，行政办公室租金600元，税金117元。相关单据如表6-17至表6-20所示。

（11）12日，以现金支付财务科赵美媛报销税务登记注册的费用167.48元。相关单据如表6-21所示。

（12）15日，从长沙华美机床制造有限公司购买2台机床，增值税专用发票上注明价款16 800元，增值税税率为13%，进项税额2 184元，价税合计18 984元；机床已收到，款项通过电汇方式付清，已投入基本生产车间使用，机床预计使用年限为5年，预计净残值为0。相关单据如表6-22至表6-24所示。

（13）16日，以现金支付销售部职工孙志强出差预借差旅费800元。相关单据如表6-25所示。

项目6　会计基础完整经济业务实训

（14）17日，从广州明道实业有限公司购买甲材料2 000千克，单价6元/千克，增值税专用发票上注明价款12 000元，增值税税率为13%，进项税额1 560元，价税合计13 560元，材料已经验收入库，款项尚未支付。相关单据如表6-26、表6-27所示。

（15）18日，开出转账支票一张，从联想集团海口销售公司购买联想计算机3台，增值税专用发票上注明价款18 000元，增值税税率为13%，进项税额2 340元，价税合计20 340元，货已收到。其中：行政管理部使用2台，销售部使用1台，计算机预计使用年限为4年，预计净残值为0。相关单据如表6-28至表6-32所示。

（16）19日，开出转账支票一张，从海口天宇实业有限公司购买乙材料1 800千克，单价4元/千克，增值税专用发票上注明价款7 200元，增值税税率为13%，进项税额936元，价税合计8 136元，材料已经验收入库。相关单据如表6-33至表6-36所示。

（17）22日，开出转账支票一张，支付海口日报社销售产品广告费572.40元。相关单据如表6-37至表6-39所示。

（18）23日，仓库发出甲材料1 900千克，其中，基本生产车间生产A产品领用1 660千克，车间一般耗费190千克，销售部领用20千克，行政管理部领用30千克。相关单据如表6-40至表6-43所示。

（19）24日，仓库发出乙材料1 750千克，其中，基本生产车间生产B产品领用1 550千克，车间一般耗费166千克，销售部领用16千克，行政管理部领用18千克。相关单据如表6-44至表6-47所示。

（20）25日，销售部职工孙志强报销差旅费658.27元，余款交回现金141.73元。相关单据如表6-48、表6-49所示。

（21）26日，按本月工资属性及用途分配工资费用44 000元，其中，A产品生产工人工资21 000元，B产品生产工人工资15 000元，车间管理人员工资4 996元，销售部人员工资1 154元，行政管理部人员工资1 850元。职工薪酬费用分配表如表6-50所示。

（22）29日，将本月制造费用按生产工人工资比例摊入A、B产品成本，如表6-51所示。

（23）30日，本月所投入的A产品和B产品全部完工入库，其中，完工A产品1 500件，完工B产品1 210件。相关单据如表6-52至表6-55所示。

（24）30日，支付本月短期借款利息150元。相关单据如表6-56所示。

（25）30日，将本月收益类账户发生额和费用类账户发生额结转至"本年利润"账户，如表6-57至表6-58所示。

实训详细资料（二）

海口时宏实业有限公司2021年12月份发生以下经济业务。

（1）1日，从中国工商银行海口南沙支行借入长期借款80 000元，到期一次还本付息，用于仓库建造，期限为3年，年利率为6%，款项已经存入银行。相关单据如表6-59至表6-60所示。

（2）1日，接受海口成义实业有限公司捐赠款2 000元，存入银行。相关单据如表6-61至表6-62所示。

（3）2日，以现金支付行政办公室工作人员张海泉同志报销印花税162元。相关单据如表6-63所示。

（4）2日，开出转账支票一张，支付海口金色广告有限公司销售产品展览费434.60元。相关单据如表6-64至表6-66所示。

（5）5日，向武汉益通实业有限公司销售A产品1 480件，单价34元／件，价款50 320元，增值税税率为13%，销项税额6 541.60元，价税合计56 861.60元，收到银行承兑汇票1张，月末再结转销售成本。相关单据如表6-67至表6-69所示。

（6）6日，签发现金支票1张，从银行提取现金3 000元备用，如表6-70所示。

（7）7日，支付上月职工工资，由银行代发工资。相关单据如表6-71至表6-73所示。

（8）8日，以现金支付财务科赵美媛购买账簿、笔、订书机等办公用品费用205.66元。相关单据如表6-74所示。

（9）9日，从上海力强实业有限公司购买甲材料2 700千克，单价6元／千克，增值税专用发票上注明价款16 200元，增值税税率为13%，进项税额2 106元，价税合计18 306元，材料已经验收入库，开出银行承兑汇票1张。相关单据如表6-75至表6-77所示。

（10）9日，行政管理部邱超群出差回来报销差旅费用672.35元，以现金支付，如表6-78所示。

（11）12日，向南宁建信实业有限公司销售B产品1 200件，单价29元／件，价款34 800元，增值税税率为13%，销项税额4 524元，价税合计39 324元，款项尚未收到，月末再结转销售成本。相关单据如表6-79至表6-80所示。

（12）13日，从海口达昌实业有限公司购买乙材料2 300千克，单价4元／千克，增值税专用发票上注明价款9 200元，增值税税率为13%，进项税额1 196元，价税合计10 396元，材料已经验收入库，款项尚未支付。相关单据如表6-81至表6-82所示。

（13）15日，仓库发出甲材料2 310千克，其中，基本生产车间生产A产品领用2 000千克，车间一般耗费228千克，销售部领用48千克，行政管理部领用34千克。相关单据如表6-83至表6-86所示。

（14）16日，仓库发出乙材料2 200千克，其中，基本生产车间生产B产品领用1 900千克，车间一般耗费235千克，销售部领用36千克，行政管理部领用29千克。相关单据如表6-87至表6-90所示。

（15）19日，开出转账支票一张，支付租用海口万和物业有限公司房屋2021年12月份租金1 417元，其中：基本生产车间租金400元，销售部租金300元，行政办公室租金600元，税金117元。相关单据如表6-91至表6-94所示。

（16）21日，收到存款利息收入103.87元，如表6-95所示。

（17）22日，向海口市慈善总会捐款1 600元。相关单据如表6-96至表6-98所示。

（18）22日，按本月工资属性及用途分配工资费用46 022元，其中，A产品生产工人工资21 600元，B产品生产工人工资15 400元，车间管理人员工资6 632元，销售部人员工资1 160元，行政管理部人员工资1 230元，如表6-99所示。

（19）23日，支付短期借款利息150元。相关单据如表6-100所示。

（20）23日，计提长期借款利息400元，如表6-101所示。

（21）26日，以现金支付行政办公电话费283.40元，如表6-102所示。

（22）27日，上月购买机床和联想计算机在本月需要计提折旧费用，基本生产车间的机床每月折旧额为280元（=16 800÷5÷12），销售部的联想计算机本月应计提折旧额为125元

(=6 000÷4÷12)，行政部的联想计算机本月应计提折旧额为 250 元（=12 000÷4÷12），如表 6-103 所示。

（23）28 日，将本月制造费用按生产工人工资比例摊入 A、B 产品成本，如表 6-104 所示。

（24）29 日，本月投入生产的产品全部完工入库，其中，完工 A 产品 1 600 件，完工 B 产品 1 250 件，如表 6-105 至表 6-108 所示。

（25）30 日，结转已销产品的生产成本，本月销售 A 产品 1 480 件、销售 B 产品 1 200 件，A 产品的单位生产成本 20 元，存货发出按先进先出法计价，如表 6-109 至表 6-110 所示。

（26）31 日，计算本期应交增值税，如表 6-111 所示。

（27）31 日，计算本期应交城市维护建设税和教育费附加，如表 6-112 所示。

（28）31 日，将本月收益类账户发生额结转至"本年利润"账户，如表 6-113 所示。

（29）31 日，将本月费用类账户发生额结转至"本年利润"账户，如表 6-114 所示。

（30）31 日，计算本年应交企业所得税，如表 6-115 所示。

（31）31 日，结转本年企业所得税费用至"本产利润"账户。如表 6-116 所示。

（32）31 日，将净利润结转至"利润分配——未分配利润"账户，如表 6-117 所示。

（33）31 日，按本年税后净利润的 10% 提取法定盈余公积，按本年税后净利润的 5% 提取任意盈余公积，如表 6-118 所示。

（34）31 日，将"利润分配"账户的其他明细账户余额结转至"利润分配——未分配利润"账户，如表 6-119 所示。

项目 6 实训所需的账簿如下：

库存现金日记账如表 6-120；银行存款日记账如表 6-121；生产成本明细账如表 6-122 至表 6-123；一般纳税人应交增值税明细账如表 6-124；数量金额式账（进销存账）明细账如表 6-125 至表 6-128；多栏账如表 6-129 至表 6-138；三栏账（借贷明细账）如表 6-139 至表 6-167；科目汇总表如表 6-168 至表 6-169；借贷总账（总分类账）如表 6-170 至表 6-200；资产负债表如表 6-201 至表 6-202；利润表如表 6-203 至表 6-204。

表 6-1　　　　　　　　中国工商银行　进账单　（收账通知）　　　　　　3

2021 年 11 月 01 日

出票人	全称	海口硕江设备有限公司	收款人	全称	海口时宏实业有限公司	此联是收款人开户银行交给收款人的收账通知
	账号	452165893256		账号	267506190241	
	开户银行	中国建设银行海口蓝天支行		开户银行	中国工商银行海口南沙支行	
金额	人民币（大写）	壹拾捌万元整			亿千百十万千百十元角分 ¥ 1 8 0 0 0 0 0 0	
票据种类	转账支票	票据张数	1		中国工商银行海口南沙支行 2021.11.01 转讫	
票据号码	TZKX20211101					
备注：投资款项						
复核 周影利　　　记账 张山民				收款人开户银行签章		

项目6 会计基础完整经济业务实训

表6-2

收 款 收 据

收款日期：2021年 11月 01日　　　　　　　　　　　No.23406

今收到：海口硕江设备有限公司	
交　来：投资款	
人民币（大写）壹拾捌万元整	（小写）¥180000.00
备注：银行转账收讫	
收款单位：海口时宏实业有限公司	收款人：周敏　　　　经办人：尹依朝

表6-3　　　　　　　　　中国工商银行 **贷款凭证**（收账通知）　　　　3

2021年 11月 01日

出票人	全　称	中国工商银行海口南沙支行	收款人	全　称	海口时宏实业有限公司	此联是收款人开户银行交给收款人的收账通知
	账　号	211769481879		账　号	267506190241	
	开户银行	中国工商银行海口市分行		开户银行	中国工商银行海口南沙支行	
金额	人民币（大写）	陆万元整	亿千百十万千百十元角分 ¥　　　6 0 0 0 0 0 0			
票据种类	短期借款	票据张数	1	中国工商银行海口南沙支行 2021.11.01 转讫		
票据号码	DQJK20211101					
备注：临时生产经营周转借款，期限9个月，年利率3%						
复核 周影利　　　记账 张山民			收款人开户银行签章			

表6-4

收 款 收 据

收款日期：2021年 11月 01日　　　　　　　　　　　No.23407

今收到：中国工商银行海口南沙支行借款	
交　来：短期借款	
人民币（大写）陆万元整	（小写）¥60000.00
备注：银行收讫，款用于公司临时生产经营。	
收款单位：海口时宏实业有限公司	收款人：周敏　　　　经办人：尹依朝

117

项目6 会计基础完整经济业务实训

表6-5　　　　　　　　中国工商银行　电汇凭证（回单）　　　　　1

□普通　□加急　　　　　委托日期 2021年11月02日

汇款人	全称	广州佳林商贸有限公司	收款人	全称	海口时宏实业有限公司
	账号	356594629513		账号	267506190241
	汇出地点	广东省广州市/县		汇入地点	海南省海口市/县
	汇出行名称	中国工商银行广州越秀支行		汇入行名称	中国工商银行海口南沙支行

金额：人民币（大写）壹拾贰万元整　　￥120000.00

支付密码：

附加信息及用途：对海口时宏实业有限公司投资款

汇出行签章（中国工商银行广州越秀支行 2021.11.02 转讫）

复核：王一仙　　记账：胡为真

表6-6　　　　　　　　　　收款收据　　　　　　　　　　No.23408

收款日期：2021年11月02日

今收到：广州佳林商贸有限公司

交　来：投资款

人民币（大写）壹拾贰万元整　　　　　（小写）￥120000.00

备注：银行电汇托收

（海口时宏实业有限公司财务专用章）

收款单位：海口时宏实业有限公司　　收款人：周敏　　经办人：尹依朝

表6-7　　　　　中国工商银行　结算业务收费凭证（回单）

2021年11月03日

付款人	全称	海口时宏实业有限公司	收款人	全称	中国工商银行海口南沙支行
	开户银行	中国工商银行海口南沙支行	账号	267506190241	开户银行	中国工商银行海口市分行	账号	211769481879

结算内容	笔数	手续费（百十元角分）	邮电费（百十元角分）	小计（千百十元角分）
现金支票	4	7 0 0 0		7 0 0 0
转账支票	4	7 0 0 0		7 0 0 0
			￥	1 4 0 0 0

备注：

会计分录
借＿＿＿＿＿＿＿
贷＿＿＿＿＿＿＿

合计金额（人民币大写）壹佰肆拾元整

（中国工商银行海口南沙支行 2021.11.03 转讫）

复核员 王兰茹　　记账员 肖红丽

表6-8

中国工商银行 现金支票存根 006754861	中国工商银行 现金支票　006754861
附加信息 _____ _____ 出票日期：2021年11月04日 收款人：海口时宏实业有限公司 金　额：¥2000.00 用　途：备用金 单位主管 刘卓廷　　会计 尹依朝	出票日期（大写）贰零贰壹年壹拾壹月零肆日　付款行名称：工行海口南沙支行 收款人：海口时宏实业有限公司　出票人账号：267506190241 人民币（大写）贰仟元整　　¥2000.00 用途：备用金　密码 _____ 上列款项请从我账户内支付　出票人签章（财务专用章）　复核　记账

表6-9

中国工商银行 转账支票存根 00968511	中国工商银行 转账支票　00968511
附加信息 _____ _____ 出票日期：2016年11月05日 收款人：海南诚信会计师事务所 金　额：¥402.80 用　途：验资费 单位主管 刘卓廷　　会计 尹依朝	出票日期（大写）贰零贰壹年壹拾壹月零伍日　付款行名称：工行海口南沙支行 收款人：海南诚信会计师事务所　出票人账号：267506190241 人民币（大写）肆佰零贰元捌角整　　¥402.80 用途：验资费　密码 _____　行号 _____ 上列款项请从我账户内支付　出票人签章（财务专用章）　复核　记账

项目6 会计基础完整经济业务实训

表6-10

中国工商银行 进账单（收账通知）

2021年11月05日 No.2

付款人	全称	海口时宏实业有限公司	收款人	全称	海南诚信会计师事务所
	账号	267506190241		账号	62220952961
	开户银行	中国工商银行海口南沙支行		开户银行	中国银行海口秀英支行

金额	人民币（大写）	肆佰零贰元捌角整	亿 千 百 十 万 千 百 十 元 角 分
			¥ 4 0 2 8 0

票据种类	转账支票	票据张数	1
票据号码	ZCP2021003		
备注：验资费			

（中国银行海口秀英支行 2021.11.05 转讫）

复核 周影利   记账 张山民   收款人开户银行签章

此联是收款人开户银行交给收款人的收账通知

表6-11

海南增值税专用发票   No 0045766

开票日期：2021年11月05日

购买方	名称：海口时宏实业有限公司	密码区	（略）
	纳税人识别号：914601007674774453U		
	地址、电话：海口市海秀路18号 0898-65835166		
	开户行及账号：中国工商银行海口南沙支行 267506190241		

货物或应税劳务、服务名称	规格型号	单位	数量	单价	金额	税率	税额
验资					380.00	6%	22.80
合计					¥380.00		¥22.80

价税合计（大写） ⊗肆佰零贰元捌角零分   （小写）¥402.80

销售方	名称：海南诚信会计师事务所	备注	（海南诚信会计师事务所 914601008172798270 发票专用章）
	纳税人识别号：91460100817279827U		
	地址、电话：海口市滨海大道86号 0898-24289615		
	开户行及账号：中国银行海口秀英支行 6220952961		

收款人：冯丹欣   复核：张强云   开票人：王平芳   销售方：（章）

第三联：发票联 购买方记账凭证

项目6 会计基础完整经济业务实训

表6-12

海南增值税专用发票 No 0096853

开票日期：2021年11月08日

购买方	名称：海口时宏实业有限公司 纳税人识别号：91460100767477453U 地址、电话：海口市海秀路18号 0898-65835166 开户行及账号：中国工商银行海口南沙支行 267506190241	密码区	（略）

货物或应税劳务、服务名称	规格型号	单位	数量	单价	金额	税率	税额
账簿		本	10	6	100.00	13%	13.00
墨盒		盒	1	60	60.00	13%	7.80
合计					￥160.00		￥20.80

价税合计（大写）⊗壹佰捌拾元捌角零分　　（小写）￥180.80

（现金付讫）

销售方	名称：海口远大百货商店 纳税人识别号：91460100718438467U 地址、电话：海口市滨江路12号 0898-68650231 开户行及账号：中国建设银行海口滨江支行 95625241652	备注	（海口远大百货商店发票专用章）

收款人：肖开亮　　复核：张云明　　开票人：郑家丽　　销售方：（章）

第三联：发票联 购买方记账凭证

表6-13

中国工商银行转账支票存根
00968512

附加信息：_____

出票日期：2021年11月09日

收　款　人：	海口万和物业有限公司
金　　　额：	￥2600.00
用　　　途：	押金

单位主管 刘卓廷　　会计 尹依朝

中国工商银行 转账支票　00968512

付款期限自出票之日起十天

出票日期（大写）贰零贰壹年壹拾壹月零玖日　　付款行名称：工行海口南沙支行
收款人：海口万和物业有限公司　　出票人账号：267506190241

人民币（大写）	贰仟陆佰元整	亿	千	百	十	万	千	百	十	元	角	分
						￥	2	6	0	0	0	0

用途：押金　　　密码：_____

上列款项请从我账户内支付　　　行号：_____

出票人签章（时宏实业有限公司 财务专用章）　　复核　　记账（林正国印）

项目6　会计基础完整经济业务实训

表6-14　　　　　中国工商银行　**进账单**（收账通知）　　　　　2

2021年11月09日

付款人	全称	海口时宏实业有限公司	收款人	全称	海口万和物业有限公司
	账号	267506190241		账号	09526222952
	开户银行	中国工商银行海口南沙支行		开户银行	中国农业银行海口营业部

金额	人民币（大写）	贰仟陆佰元整	亿 千 百 十 万 千 百 十 元 角 分 ¥ 2 6 0 0 0 0

票据种类	转账支票	票据张数	1	
票据号码				

租赁押金

复核 周影利　　记账 张山民　　　　收款人开户银行签章（中国农业银行海口营业部 2021.11.09 转讫）

此联是收款人开户银行交给收款人的收账通知

表6-15　　　　　　　　　**收款收据**

收款日期：2021年11月09日　　　　　　　　　　　　　No.23409

今收到：海口时宏实业有限公司

交　来：租赁房屋押金

人民币（大写）：贰仟陆佰元整　　　　　　　（小写）¥2600.00

备注：银行转账收讫

收款单位：海口万和物业有限公司　　收款人：王研美　　经办人：张任强

（海口万和物业有限公司 财务专用章）

表6-16　　　　　　海南增值税专用发票　　　　　　No 0045844

开票日期：2021年11月10日

购买方	名　　称	海口时宏实业有限公司	密码区	（略）
	纳税人识别号	91460100767477453U		
	地　址、电　话	海口市海秀路18号 0898-65835166		
	开户行及账号	中国工商银行海口南沙支行 267506190241		

货物或应税劳务、服务名称	规格型号	单位	数量	单价	金额	税率	税额
登记注册费					108.00	6%	6.48
合　计					¥108.00		¥6.48

价税合计（大写）　⊗壹佰壹拾肆元肆角捌分　　　　（小写）¥114.48

销售方	名　　称	海口金卓商务代理有限公司	备注	（海口金卓商务代理有限公司 91460100752678698U 发票专用章）
	纳税人识别号	91460100752678698U		
	地　址、电　话	海口市长堤路33号 0898-65875483		
	开户行及账号	中国银行长堤路支行 62502310425		

收款人：刘琼香　　　复核：王强杰　　　开票人：曾闵文　　　销售方：（章）

（现金付讫）

第三联：发票联 购买方记账凭证

127

表 6-17

中国工商银行 转账支票存根 00968513	中国工商银行 转账支票　00968513
附加信息 _____	出票日期（大写）贰零贰壹年壹拾壹月壹拾壹日　付款行名称：工行海口南沙支行 收款人：海口万和物业有限公司　　　　　　出票人账号：267506190241
出票日期：2021年11月11日 收　款　人：海口万和物业有限公司 金　　　额：¥1417.00 用　　　途：11月租金 单位主管 刘卓延　会计 尹依朝	人民币（大写）　壹仟肆佰壹拾柒元整　　　　　亿千百十万千百十元角分 　　　　　　　　　　　　　　　　　　　　　　¥ 1 4 1 7 0 0 用途：　11月租金 上列款项请从我账户内支付 出票人签章（海口时宏实业有限公司财务专用章） 密码 行号 复核（国正林印）　记账

表 6-18

中国工商银行　进账单　（收账通知）　　　　　　　　2
2021年11月11日

付款人	全　称	海口时宏实业有限公司	收款人	全　称	海口万和物业有限公司	此联是收款人开户银行交给收款人的收账通知
	账　号	267506190241		账　号	09526222952	
	开户银行	中国工商银行海口南沙支行		开户银行	中国农业银行海口营业部	
金额	人民币（大写）　壹仟肆佰壹拾柒元整				亿千百十万千百十元角分 ¥ 1 4 1 7 0 0	
票据种类	转账支票	票据张数	1		中国农业银行海口营业部 2021.11.11 转讫	
票据号码	ZCP202111025					
付租金					收款人开户银行签章	
复核 周彭利　　记账 张山民						

项目6 会计基础完整经济业务实训

表 6-19

海南增值税普通发票

№ 0105625

开票日期：2021 年 11 月 11 日

购买方	名　　称：海口时宏实业有限公司 纳税人识别号：91460100767477453U 地　址、电话：海口市海秀路 18 号 0898-65835166 开户行及账号：中国工商银行海口南沙支行 267506190241				密码区	（略）		
货物或应税劳务、服务名称	规格型号	单位	数量	单价	金额	税率	税额
房屋租赁					1300.00	9%	117.00
合　计					¥1300.00		¥117.00
价税合计（大写）	⊗壹仟肆佰壹拾柒元整				（小写）¥1417.00		
销售方	名　　称：海口万和物业有限公司 纳税人识别号：91460100716523231U 地　址、电话：海口市滨江路 356 号 0898-68665892 开户行及账号：中国农业银行海口营业部 09526222952				备注	（发票专用章）		

收款人：王研美　　　复核：张云琴　　　开票人：郑家玉　　　销售方：（章）

表 6-20

房屋租赁费用分配表

2021 年 11 月 11 日　　　　　　　　　　　　　　　　　　　金额单位：元

分配对象	分配账户	分配额	备　注
基本生产车间	制造费用	400.00	银行付讫
销售部门	销售费用	300.00	银行付讫
行政部门	管理费用	600.00	银行付讫
合　计		1 300.00	

制表单位：海口时宏实业有限公司　　　财务科长：尹依朝　　　制表人：周敏

项目6　会计基础完整经济业务实训

表6-21　　　　　　　　　海南增值税普通发票　　　　　　　　　No 0105223

开票日期：2021年11月12日

购买方	名　　称：海口时宏实业有限公司 纳税人识别号：91460100767477453U 地　址、电　话：海口市海秀路18号　0898-65835166 开户行及账号：中国工商银行海口南沙支行 267506190241	密码区	（略）

货物或应税劳务、服务名称	规格型号	单位	数量	单价	金额	税率	税额
登记注册费					158.00	6%	9.48
合　计					￥158.00		￥9.48

价税合计（大写）	⊗壹佰陆拾柒元肆角捌分　　　　　　（小写）￥167.48

销售方	名　　称：海口金卓商务代理有限公司 纳税人识别号：91460100752678698U 地　址、电　话：海口市长堤路33号　0898-65875483 开户行及账号：中国银行长堤路支行 62502310425	备注	（销售方发票专用章）

收款人：刘琼香　　　复核：王强杰　　　开票人：曾闵文　　　销售方：（章）

第三联：发票联　购买方记账凭证

表6-22　　　　　　　中国工商银行　电汇凭证（回单）　　　　　1

□普通　□加急　　委托日期 2021年11月15日

汇款人	全　称	海口时宏实业有限公司	收款人	全　称	长沙华美机床制造有限公司
	账　号	267506190241		账　号	156495729547
	汇出地点	海南省 海口 市/县		汇入地点	湖南省 长沙 市/县
汇出行名称		中国工商银行海口南沙支行	汇入行名称		中国建设银行长沙芙蓉支行

金额	人民币（大写）　壹万捌仟玖佰捌拾肆元整	千百十万千百十元角分 ￥ 1 8 9 8 4 0 0

支付密码：　　　　　　　

附加信息及用途：购买2台机床

（中国工商银行海口南沙支行 2021.11.15 转讫）

汇出行签章　　　　　复核：王一仙　　　记账：胡为真

项目6　会计基础完整经济业务实训

表 6-23

海南增值税普通发票

No 0654321

开票日期：2021 年 11 月 15 日

购买方	名称：海口时宏实业有限公司 纳税人识别号：91460100767477453U 地址、电话：海口市海秀路 18 号 0898-65835166 开户行及账号：中国工商银行海口南沙支行 267506190241	密码区	（略）

货物或应税劳务、服务名称	规格型号	单位	数量	单价	金额	税率	税额
机床	XGRJ-39	台	2	8400.00	16800.00	13%	2184.00
合计					¥16800.00		¥2184.00
价税合计（大写）	⊗壹万捌仟玖佰捌拾肆元整				（小写）¥18984.00		

销售方	名称：长沙华美机床制造有限公司 纳税人识别号：91430100787827279U 地址、电话：长沙市芙蓉路 86 号 0731-24289844 开户行及账号：中国建设银行长沙芙蓉支行 156495729547	备注	（发票专用章）

收款人：杨光　　　　复核：张友明　　　　开票人：王建　　　　销售方：（章）

第三联：发票联　购买方记账凭证

表 6-24

固定资产交付使用单

使用部门：基本生产车间　　　　日期：2021 年 11 月 15 日

设备名称	机床	设备编号	CJ09-19
规格型号	JCGX20210912	单价	8 400.00 元
交付数量	2 台	总价值	16 800.00 元
生产单位	长沙华美机床制造公司	600.00	0
精密程度	一级		5 年
出厂日期	2021 年 09 月 12 日		2021 年 11 月 15 日
接收单位	海口时宏实业有限公司		
验收项目	验收记录		负责人
运转状况	良好		陈正汉
精度测试	良好		陈正汉
达产程度	良好		陈正汉
环境检查	良好		林飞琦
综合意见	可以投入使用		林飞琦

验收人：高冬欣　　　接受人：吴桂迪　　　设备主管：黎实映　　　财务主管：尹依朝

表 6-25

借款单

2021 年 11 月 16 日

部门	销售部	借款事由	参加展销大会
借款金额	金额（大写）人民币捌佰元整		（小写）¥800.00
批准金额	金额（大写）人民币捌佰元整		（小写）¥800.00
领导	林正国	财务主管　尹依朝	借款人　孙志强

项目6　会计基础完整经济业务实训

业务6-26

广东增值税专用发票　发票联

№ 294562

开票日期：2021年11月17日

购买方	名称：海口时宏实业有限公司 纳税人识别号：91460100767477453U 地址、电话：海口市海秀路18号 0898-65835166 开户行及账号：中国工商银行海口南沙支行 267506190241					密码区	（略）		
货物或应税劳务、服务名称	规格型号	单位	数量	单价	金额		税率	税额	
甲材料	QCL369	千克	2000	6.00	12000.00		13%	1560.00	
合　计					¥12000.00			¥1560.00	
价税合计（大写）	⊗壹万叁仟伍佰陆拾元整				（小写）¥13560.00				
销售方	名称：广州明道实业有限公司 纳税人识别号：91450100348532671U 地址、电话：广州市越秀路77号 020-53486733 开户行及账号：中国建设银行广州越秀支行 374916542578					备注	（广州明道实业有限公司 发票专用章）		

第三联：发票联 购买方记账凭证

收款人：吴明　　复核：王建军　　开票人：李茉莉　　销售方：（章）

表6-27

材料验收入库单

供货编号：22610

供货单位：广州明道实业有限公司　　　2021年11月17日　　　入库仓库：1号

材料编号	材料名称	规　格	计量单位	数量	单价	金额/元	备注
SHCL001	甲材料	GCL369	千克	2000	6.00	12000.00	赊购
合　计							

仓储主管：高冬欣　　验收：吴迪桂　　采购主管：蔡秋德　　采购员：李亿进

表6-28

中国工商银行 转账支票存根 00968514	中国工商银行 转账支票　　　　00968514
附加信息	出票日期（大写）：贰零贰壹年壹拾壹月壹拾捌日　付款行名称：工行海口南沙支行 收款人：联想集团海口销售公司　　出票人账号：267506190241
出票日期：2021年11月18日	人民币（大写）：贰万零叁佰肆拾元整　　¥ 2 0 3 4 0 0 0
收款人：联想集团海口销售公司	用途：货款　　　　　　　　　密码
金　额：¥20340.00	上列款项请从我账户内支付　　行号
用　途：货款	出票人签章（海口时宏实业有限公司 财务专用章）　　复核（林正国印）　记账
单位主管：刘卓延　会计：尹依朝	

付款期限自出票之日起十天

项目6 会计基础完整经济业务实训

表6-29

中国工商银行 进账单（收账通知）

2021年11月18日

付款人	全 称	海口时宏实业有限公司	收款人	全 称	联想集团海口销售公司
	账 号	267506190241		账 号	341394870069
	开户银行	中国工商银行海口南沙支行		开户银行	中国农业银行海口万利支行

金额	人民币（大写）	贰万零叁佰肆拾元整	亿 千 百 十 万 千 百 十 元 角 分 ¥ 2 0 3 4 0 0 0

票据种类	转账支票	票据张数	1
票据号码	ZCP202111034		

备注：货款

复核 周影利　　　记账 张山民　　　收款人开户银行签章（中国农业银行海口万利支行 2021.11.18 转讫）

此联是收款人开户银行交给收款人的收账通知

表6-30

海南增值税专用发票

No 0048086

开票日期：2021年11月18日

购买方	名　　称：海口时宏实业有限公司 纳税人识别号：91460100767477453U 地　址、电　话：海口市海秀路18号 0898-65835166 开户行及账号：中国工商银行海口南沙支行 267506190241	密码区	（略）

货物或应税劳务、服务名称	规格型号	单位	数量	单价	金额	税率	税额
计算机	LX-686	台	3	6000.00	18000.00	13%	2340.00
合　计					¥18000.00		¥2340.00

价税合计（大写）	⊗贰万零叁佰肆拾元整	（小写）¥20340.00

销售方	名　　称：联想集团海口销售公司 纳税人识别号：91460100216453945U 地　址、电　话：海口市滨海路58号 0898-66221479 开户行及账号：中国农业银行海口万利支行 341394870069	备注	（联想集团海口销售公司 发票专用章）

收款人：杨业珍　　复核：吴友玲　　开票人：张建设　　销售方：（章）

第三联：发票联　购买方记账凭证

表6-31

固定资产交付使用单

使用部门：行政管理部门　　日期：2021年11月18日

设备名称	计算机	设备编号	SH-010
规格型号	LX686	单价	6000.00元/台
交付数量	2台	总价值	12000.00元
生产单位	联想集团海口销售公司	预计净残值	0
精密程度	一级	预计使用年限	4年
出厂日期	2021年09月10日	交付使用日期	2021年11月18日
接收单位	海口时宏实业有限公司		
验收项目	验收记录		负责人
运转状况	良好		陈正汉
精度测试	良好		陈正汉
达产程度	良好		陈正汉
环境检查	良好		林飞
综合意见	可以投入使用		林飞

验收人：高冬欣　　接受人：吴桂迪　　设备主管：黎实映　　财务主管：尹依朝

139

项目6　会计基础完整经济业务实训

表 6-32

固定资产交付使用单

使用部门：销售部门　　　　　　　日期：2021 年 11 月 18 日

设备名称	计算机	设备编号	SH-012
规格型号	LX686	单价	6000.00 元 / 台
交付数量	1 台	总价值	6000.00 元
生产单位	联想集团海口销售公司	预计使用年限	0
精密程度	一级	预计净残值	4 年
出厂日期	2021 年 09 月 10 日	交付使用日期	2021 年 11 月 18 日
接收单位	海口时宏实业有限公司		
验收项目	验收记录		负责人
运转状况	良好		陈正汉
精度测试	良好		陈正汉
达产程度	良好		陈正汉
环境检查	良好		林飞琦
综合意见	可以投入使用		林飞琦

验收人：高冬欣　　　接受人：吴桂迪　　　设备主管：黎实映　　　财务主管：尹依朝

表 6-33

中国工商银行 转账支票存根
00968515

附加信息

出票日期：2021 年 11 月 19 日
收　款　人：海口天宇实业有限公司
金　　额：¥8136.00
用　　途：货款

单位主管 刘卓延　　会计 尹依朝

中国工商银行 转账支票　　00968515

出票日期（大写）贰零贰壹年壹拾壹月壹拾玖日　　付款行名称：工行海口南沙支行
收款人：海口天宇实业有限公司　　出票人账号：267506190241

人民币（大写）　捌仟壹佰叁拾陆元整　　¥ 8 1 3 6 0 0

用途：货款
上列款项请从我账户内支付
出票人签章：（海口时宏实业有限公司 财务专用章）

密码：
行号：
复核：（国印）　记账：（林正）

付款期限自出票之日起十天

表6-34

中国工商银行 进账单（收账通知）　　2

2021 年 11 月 19 日

付款人	全称	海口时宏实业有限公司	收款人	全称	海口天宇实业有限公司
	账号	267506190241		账号	365814583491
	开户银行	中国工商银行海口南沙支行		开户银行	中国建设银行海口金盘支行
金额	人民币（大写）	捌仟壹佰叁拾陆元整			¥ 8 1 3 6 0 0
票据种类	转账支票	票据张数	1		
票据号码	ZCP202111039				
备注	购乙材料				

复核 周影利　　记账 张山民　　收款人开户银行签章（中国建设银行海口金盘支行 2021.11.19 转讫）

此联是收款人开户银行交给收款人的收账通知

项目6 会计基础完整经济业务实训

表 6-35   海南增值税专用发票   № 294659
发票联   开票日期：2021年11月19日

购买方：
名　称：海口时宏实业有限公司
纳税人识别号：91460100767477453U
地址、电话：海口市海秀路 18 号 0898-65835166
开户行及账号：中国工商银行海口南沙支行 267506190241

密码区：（略）

货物或应税劳务、服务名称	规格型号	单位	数量	单价	金额	税率	税额
乙材料	YCL258	千克	1800	4.00	7200.00	13%	936.00
合　计					¥7200.00		¥936.00

价税合计（大写）：⊗捌仟壹佰叁拾陆元整　　（小写）¥8136.00

销售方：
名　称：海口天宇实业有限公司
纳税人识别号：91460100865672279U
地址、电话：海口市滨涯路 99 号 0898-53486733
开户行及账号：中国建设银行海口金盘支行 365814583491

备注：（海口天宇实业有限公司发票专用章）

收款人：张有若　　复核：李塞班　　开票人：钱意胜　　销售方：（章）

第三联：发票联　购买方记账凭证

表 6-36
供货编号：22611
供货单位：海口天宇实业有限公司

材料验收入库单

2021 年 11 月 19 日　　入库仓库：1 号

材料编号	材料名称	规　格	计量单位	数　量	单　价	金额/元	备注
SHCL002	乙材料	YCL258	千克	1800	4.00	7200.00	转账支票
合　计							

仓储主管：高冬欣　　验收：吴迪桂　　采购主管：蔡秋德　　采购员：李亿进

表 6-37

中国工商银行
转账支票存根
00968516

附加信息

出票日期：2021年11月22日
收款人：海口日报社
金　额：¥572.40
用　途：广告费
单位主管 刘卓延　会计 尹依朝

中国工商银行 转账支票　　00968516

出票日期（大写）：贰零贰壹年壹拾壹月贰拾贰日　　付款行名称：工商海口南沙支行
收款人：海口日报社　　出票人账号：267506190241

人民币（大写）：伍佰柒拾贰元肆角整

亿	千	百	十	万	千	百	十	元	角	分
						¥	5	7	2	4	0

用途：广告费　　密码：_____
上列款项请从我账户内支付　　行号：_____
出票人签章：（海口时宏实业有限公司财务专用章）　　复核：国正　　记账

付款期限自出票之日起十天

项目6 会计基础完整经济业务实训

表6-38　　　　　中国工商银行　**进账单**　（收账通知）　　　　　2

2021年11月22日

付款人	全称	海口时宏实业有限公司	收款人	全称	海口日报社
	账号	267506190241		账号	865014589856
	开户银行	中国工商银行海口南沙支行		开户银行	中国银行海口国贸支行

金额	人民币（大写）	伍佰柒拾贰元肆角整	亿 千 百 十 万 千 百 十 元 角 分 　　　　　　　　¥　5　7　2　4　0

票据种类	转账支票	票据张数	1
票据号码	ZCP202111042		

备注：付广告费

（中国银行海口国贸支行 2021.11.22 转讫）

复核 周彭利　　　记账 张山民　　　收款人开户银行签章

此联是收款人开户银行交给收款人的收账通知

表6-39　　　　　海南增值税专用发票　　　　　No 294655

开票日期：2021年11月22日

购买方	名　　称：海口时宏实业有限公司 纳税人识别号：91460100767477453U 地址、电话：海口市海秀路18号 0898-65835166 开户行及账号：中国工商银行海口南沙支行 267506190241	密码区	（略）

货物或应税劳务、服务名称	规格型号	单位	数量	单价	金额	税率	税额
广告费					540.00	6%	32.40
合　计					¥540.00		¥32.40

价税合计（大写）	⊗伍佰柒拾贰元肆角零分	（小写）¥572.40

销售方	名　　称：海口日报社 纳税人识别号：91460100869856123U 地址、电话：海口市国贸路5号 0898-98562345 开户行及账号：中国银行海口国贸支行 865014589856	备注	（海口日报社 91460100869856123U 发票专用章）

收款人：李若芹　　　复核：张班拉　　　开票人：陈胜明　　　销售方：（章）

第三联：发票联 购买方记账凭证

表6-40　　　　　　　　　　**领料单**

领料部门：基本生产车间　　　　　　　　　　　　　　　　　领料编号：1101
领料用途：生产A产品　　　　2021年11月23日　　　　　　发料仓库：1号

材料类别	材料编号	材料名称	规格	计量单位	数量 请领	数量 实领	单价	金额/元
主要材料		甲材料	QCL369	千克	1660	1660	6.00	9960.00
合计								

发料主管：高冬欣　　　发料：吴迪桂　　　领料主管：王康良　　　领料：林雄席

145

表 6-41

领 料 单

领料部门：基本生产车间　　　　　　　　　　　　　　　　　　　领料编号：1102
领料用途：车间一般耗用　　　　2021年11月23日　　　　　　　发料仓库：1号

材料类别	材料编号	材料名称	规格	计量单位	数量 请领	数量 实领	单价	金额/元
主要材料		甲材料	QCL369	千克	190	190	6.00	1140.00
合　计								

发料主管：高冬欣　　　　发料：吴迪桂　　　　领料主管：王康良　　　　领料：林雄席

表 6-42

领 料 单

领料部门：销售部　　　　　　　　　　　　　　　　　　　　　　领料编号：1103
领料用途：销售部耗用　　　　　2021年11月23日　　　　　　　发料仓库：1号

材料类别	材料编号	材料名称	规格	计量单位	数量 请领	数量 实领	单价	金额/元
主要材料		甲材料	QCL369	千克	20	20	6.00	120.00
合　计								

发料主管：高冬欣　　　　发料：吴迪桂　　　　领料主管：王康良　　　　领料：林雄席

表 6-43

领 料 单

领料部门：行政管理部　　　　　　　　　　　　　　　　　　　　领料编号：1104
领料用途：行政管理部耗用　　　2021年11月23日　　　　　　　发料仓库：1号

材料类别	材料编号	材料名称	规格	计量单位	数量 请领	数量 实领	单价	金额/元
主要材料		甲材料	QCL369	千克	30	30	6.00	180.00
合　计								

发料主管：高冬欣　　　　发料：吴迪桂　　　　领料主管：王康良　　　　领料：林雄席

表 6-44

领 料 单

领料部门：基本生产车间　　　　　　　　　　　　　　　　　　　领料编号：1105
领料用途：生产B产品　　　　　2021年11月24日　　　　　　　发料仓库：1号

材料类别	材料编号	材料名称	规格	计量单位	数量 请领	数量 实领	单价	金额/元
主要材料		乙材料	YCL258	千克	1550	1550	4.00	6200.00
合　计								

发料主管：高冬欣　　　　发料：吴迪桂　　　　领料主管：王康良　　　　领料：林雄席

项目6　会计基础完整经济业务实训

表6-45　　　　　　　　　　　　　　　　领　料　单

领料部门：基本生产车间　　　　　　　　　　　　　　　　　　　　　　　领料编号：1106
领料用途：车间一般耗用　　　　　　2021年11月24日　　　　　　　　　　发料仓库：1号

材料类别	材料编号	材料名称	规　格	计量单位	数量 请领	数量 实领	单　价	金额/元
主要材料		乙材料	YCL258	千克	166	166	4.00	664.00
合　计								

发料主管：高冬欣　　　　　发料：吴迪桂　　　　　领料主管：王康良　　　　　领料：林雄席

表6-46　　　　　　　　　　　　　　　　领　料　单

领料部门：销售部　　　　　　　　　　　　　　　　　　　　　　　　　　领料编号：1107
领料用途：销售部耗用　　　　　　　2021年11月24日　　　　　　　　　　发料仓库：1号

材料类别	材料编号	材料名称	规　格	计量单位	数量 请领	数量 实领	单　价	金额/元
主要材料		乙材料	YCL258	千克	16	16	4.00	64.00
合　计								

发料主管：高冬欣　　　　　发料：吴迪桂　　　　　领料主管：王康良　　　　　领料：林雄席

表6-47　　　　　　　　　　　　　　　　领　料　单

领料部门：行政管理部　　　　　　　　　　　　　　　　　　　　　　　　领料编号：1108
领料用途：行政管理部耗用　　　　　2021年11月24日　　　　　　　　　　发料仓库：1号

材料类别	材料编号	材料名称	规　格	计量单位	数量 请领	数量 实领	单　价	金额/元
主要材料		乙材料	YCL258	千克	18	18	4.00	72.00
合　计								

发料主管：高冬欣　　　　　发料：吴迪桂　　　　　领料主管：王康良　　　　　领料：林雄席

表6-48　　　　　　　　　　　　　　　**差旅费报销单**

部门：销售部　　　　　　　　　　　2021年11月25日

姓名	孙志强	出差事由	参加展销会	出差自 2021年11月18日 至 2021年11月21日		共4天		
起讫时间及地点			车船票		夜间乘车补助费		出差补助费	住宿费	其他

月	日	起	月	日	讫	类别	金额	时间	标准	金额	日数	标准	金额	金额	摘要	金额
11	18	海口	11	18	广州	飞机	140.00								其他车补	8.27
11	21	广州	11	21	海口	飞机	140.00				4	50	200.00	150.00		
						车票	20.00									
		小　计					300.00						200.00	150.00		8.27

合计金额（大写）：陆佰伍拾捌元贰角柒分（¥658.27元）
备注：预借¥800.00，核销¥658.27，退补¥141.73

单位领导：林正国　　　　　财务主管：尹依朝　　　　　审核：刘卓廷　　　　　填报人：孙志强

149

项目6 会计基础完整经济业务实训

表 6-49

收 款 收 据

收款日期：2021 年 11 月 25 日　　　　　　　　　No.23410

今收到：销售部职工孙志强

交　来：借差旅费的剩余款项

人民币（大写）壹佰肆拾壹元柒角叁分　　　　　（小写）¥141.73

备注：现金收讫

收款单位：海口时宏实业有限公司　　　收款人：周敏　　　经办人：尹依朝

表 6-50

职工薪酬费用分配表

2021 年 11 月 26 日　　　　　　　　　　　　　　单位：元

项目＼部门	基础工资	职称工资	岗位工资	工龄工资	合　计
基本生产车间					
A 产品生产工人	7 000.00	8 000.00	5 000.00	1 000.00	21 000.00
B 产品生产工人	5 000.00	6 000.00	3 000.00	1 000.00	15 000.00
车间管理人员	1 000.00	3 000.00	596.00	400.00	4 996.00
销售部					
销售部门人员	300.00	500.00	334.00	20.00	1 154.00
行政管理部					
行政管理部人员	400.00	600.00	780.00	70.00	1 850.00
合　计	13 700.00	18 100.00	9 710.00	2 490.00	44 000.00

制表单位：海口时宏实业有限公司　　　财务科长：尹依朝　　　制表人：周敏

表 6-51

基本生产车间制造费用分配表

2021 年 11 月 29 日　　　　　　　　　　　　　　单位：元

制造费用分配对象	分配标准（生产工人工资）	分配率	分配额
生产 A 产品			
生产 B 产品			
合　计	36 000.00		7 200.00

制表单位：海口时宏实业有限公司　　　财务科长：尹依朝　　　制表人：周敏

表 6-52

产品成本计算单

产品名称：A产品　　　　　　　　　　2021 年 11 月 30 日　　　　　　　　　　　　　　单位：元

项　目		产量/件	直接材料	直接人工	制造费用	合　计
月初在产品成本						
本月生产费用小计			9 960.00	21 000.00	4 200.00	35 160.00
生产费用累计			9 960.00	21 000.00	4 200.00	35 160.00
本月投入		1 500				
约当产量						
分配率						
月末完工产品成本	总成本	1 500	9 960.00	21 000.00	4 200.00	35 160.00
	单位成本		6.64	14.00	2.80	23.44
月末在产品成本						

制表单位：海口时宏实业有限公司　　　财务科长：尹依朝　　　制表人：王康良

表 6-53

完工产成品入库汇总表

产品名称：A产品　　　　　　　　　　2021 年 11 月 30 日　　　　　　　　　　　　　　单位：元

项　目	总成本	产量/件	单位成本	产品规格
直接材料	9 960.00	1 500	6.64	ACP01
直接人工	21 000.00	1 500	14.00	ACP01
制造费用	4 200.00	1 500	2.80	ACP01
完工产品成本	35 160.00	1 500	23.44	ACP01

制表单位：海口时宏实业有限公司　　　财务科长：尹依朝　　　制表人：王康良

表 6-54

产品成本计算单

产品名称：B产品　　　　　　　　　　2021 年 11 月 30 日　　　　　　　　　　　　　　单位：元

项　目		产量/件	直接材料	直接人工	制造费用	合　计
月初在产品成本						
本月生产费用小计			6 200.00	15 000.00	3 000.00	24 200.00
生产费用累计			6 200.00	15 000.00	3 000.00	24 200.00
本月投入		1 210				
约当产量						
分配率						
月末完工产品成本	总成本	1 210	6 200.00	15 000.00	3 000.00	24 200.00
	单位成本		5.124 0	12.396 7	2.479 3	20.00
月末在产品成本						

制表单位：海口时宏实业有限公司　　　财务科长：尹依朝　　　制表人：王康良

表 6-55

完工产成品入库汇总表

产品名称：B产品　　　　　　　　　　2021 年 11 月 30 日　　　　　　　　　　　　　　单位：元

项　目	总成本	产量/件	单位成本	产品规格
直接材料	6 200.00	1 210	5.124 0	BCP02
直接人工	15 000.00	1 210	12.396 7	BCP02
制造费用	3 000.00	1 210	2.479 3	BCP02
完工产品成本	24 200.00	1 210	20.00	BCP02

制表单位：海口时宏实业有限公司　　　财务科长：尹依朝　　　制表人：王康良

表 6-56

借款利息支付凭证（传票回单）

代号：343

借款单位名称	海口时宏实业有限公司	放款账号	267506190241	存款账号	232002230022

借款利息支出金额	（大写）壹佰伍拾元整	十万	千	百	十	元	角	分
				¥	1	5	0	0

请（已）从　　号账户内（以现金）付出
归还（收回）上列款项
此致
银行（单位）

中国工商银行海口南沙支行
2021.11.30
转讫

单位（银行）盖章

记账日期 2021 年 11 月 30 日
借＿＿＿＿＿￥＿＿＿＿＿
贷＿＿＿＿＿￥＿＿＿＿＿
贷＿＿＿＿＿￥＿＿＿＿＿

日记账　　　复核　　　记账
（主管）　（会计）

表 6-57

收益类账户本月发生额汇总表

2021 年 11 月 30 日　　　　　　金额单位：元

收益类账户	2021 年 11 月份发生额
主营业务收入——A 产品	0
主营业务收入——B 产品	0
其他业务收入	0
营业外收入	0
本月收益类账户发生额合计	0

制表单位：海口时宏实业有限公司　　财务科长：尹依朝　　制表人：周敏

表 6-58

费用类账户本月发生额汇总表

2021 年 11 月 30 日　　　　　　单位：元

成本费用类账户	2021 年 11 月份发生额
主营业务成本——A 产品	
主营业务成本——B 产品	
税金及附加	
销售费用	2 836.27
管理费用	3 508.00
财务费用	290.00
营业外支出	
合　计	6 634.27

制表单位：海口时宏实业有限公司　　财务科长：尹依朝　　制表人：周敏

项目6 会计基础完整经济业务实训

表6-59 中国工商银行 贷款凭证（收账通知） 2

2021年12月01日

付款人	全称	中国工商银行海口南沙支行	收款人	全称	海口时宏实业有限公司
	账号	211769481879		账号	267506190241
	开户银行	中国工商银行海口市分行		开户银行	中国工商银行海口南沙支行

金额　人民币（大写）捌万元整　￥80000.00

| 票据种类 | 转账支票 | 票据张数 | 1 |
| 票据号码 | DQJK20185201 | | |

备注：仓库建造

复核 周影利　　记账 张山民　　收款人开户银行签章（中国工商银行海口南沙支行 2021.12.01 转讫）

此联是收款人开户银行交给收款人的收账通知

表6-60 收款收据

收款日期：2021年12月01日　　No.23411

今收到：从中国工商银行海口南沙支行借款

交　来：长期借款

人民币（大写）捌万元整　　（小写）￥80000.00

备注：银行收妥，款用于公司仓库建造（海口时宏实业有限公司 财务专用章）

收款单位：海口时宏实业有限公司　　收款人：周敏　　经办人：尹依朝

表6-61 中国工商银行 进账单（收账通知） 3

2021年12月01日

付款人	全称	海口成义实业有限公司	收款人	全称	海口时宏实业有限公司
	账号	452132566589		账号	267506190241
	开户银行	中国建设银行海口蓝天支行		开户银行	中国工商银行海口南沙支行

金额　人民币（大写）贰仟元整　￥2000.00

| 票据种类 | 转账支票 | 票据张数 | 1 |
| 票据号码 | ZCP2021046 | | |

备注：捐款

复核 周影利　　记账 张山民　　收款人开户银行签章（中国工商银行海口南沙支行 2021.12.01 转讫）

此联是收款人开户银行交给收款人的收账通知

项目6　会计基础完整经济业务实训

表 6-62

收款收据

收款日期：2021 年 12 月 01 日　　　　　　　　　　　　　　No.23412

今收到：海口成义实业有限公司

交　来：捐赠款

人民币（大写）贰仟元整　　　　　　　（小写）¥2000.00

备注：银行转账收讫

收款单位：海口时宏实业有限公司　　　收款人：周敏　　　经办人：尹依朝

表 6-63

国家税务总局海南省税务局税收完税证

填发日期：2021 年 12 月 02 日　　　　　　　　国税琼税字地　第 1189658
经济类型：　　　　　　　　　　　　　　　　税款所属时间 2021 年 1—12 月

纳税人	代码	76747745-3	住址	海南省海口市美兰县/区海秀路18号								
	名称	海口时宏实业有限公司										
品样税目	税目	数量单位	计税数量	计税总值（收入/所得税）	税率	已缴或扣除额/元	税　额					
							十万	千	百	十	元	角	分
印花税		张	14			162.00			1	6	2	0	0
税额合计人民币（大写）壹佰陆拾贰元整							¥		1	6	2	0	0
征收机关盖章		收款 填票	何丽 张兰	备注	琼 乙 10523　　琼 L1014D								

表 6-64

中国工商银行
转账支票存根
00968517

附加信息

出票日期：2021年12月02日
收款人：海口金色广告有限公司
金　额：¥434.60
用　途：展览费
单位主管 刘卓延　　会计 尹依朝

中国工商银行 转账支票　　00968517

出票日期（大写）贰零贰壹年壹拾贰月零贰日　　付款行名称：工行海口南沙支行
收款人：海口金色广告有限公司　　　　　　　　出票人账号：267506190241

人民币（大写）肆佰叁拾肆元陆角整　　　　　　¥ 4 3 4 6 0

用途：展览费　　　　　　　　　密码：
上列款项请从
我账户内支付　　　　　　　　　行号：
出票人签章　　　　　　　　　　复核　　记账

项目6 会计基础完整经济业务实训

表6-65

中国工商银行 进账单（收账通知）

2021年12月02日

付款人	全称	海口时宏实业有限公司	收款人	全称	海口金色广告有限公司
	账号	267506190241		账号	145886509864
	开户银行	中国工商银行海口南沙支行		开户银行	中国工商银行海口南沙支行

金额	人民币（大写）	肆佰叁拾肆元陆角零分	亿	千	百	十	万	千	百	十	元	角	分
								¥	4	3	4	6	0

票据种类	转账支票	票据张数	1
票据号码	ZCP2021051		

备注：付展览费

复核 周影利　　记账 张山民　　收款人开户银行签章

（中国工商银行海口南沙支行 转讫 2021.12.02）

此联是收款人开户银行交给收款人的收账通知

表6-66

海南增值税专用发票

№ 294211

开票日期：2021年12月02日

购买方	名　　　称	海口时宏实业有限公司
	纳税人识别号	91460100767477453U
	地址、电话	海口市海秀路18号 0898-65835166
	开户行及账号	中国工商银行海口南沙支行 26706190241

密码区：（略）

货物或应税劳务、服务名称	规格型号	单位	数量	单价	金额	税率	税额
展览费					410.00	6%	24.60
合　计					¥410.00		¥24.60

价税合计（大写）　㊣肆佰叁拾肆元陆角零分　　（小写）¥434.60

销售方	名　　　称	海口金色广告有限公司
	纳税人识别号	91460100346010086U
	地址、电话	海口市五指山路87号 0898-98562310
	开户行及账号	中国银行海口五指山路支行 145886509864

收款人：吴升锋　　复核：张青明　　开票人：陈胜平　　销售方：（章）

第三联：发票联 购买方记账凭证

项目6 会计基础完整经济业务实训

表6-67

银行承兑汇票 2

出票日期 贰零贰壹 年 壹拾贰月 零伍日 　　　××××××

出票人全称	武汉益通实业有限公司	收款人	全称	海口时宏实业有限公司
出票人账号	346857823569		账号	267506190241
付款行全称	中国建设银行武汉洪山支行		开户银行	中国工商银行海口南沙支行

出票金额	人民币（大写）	伍万陆仟捌佰陆拾壹元陆角整		千 百 十 万 千 百 十 元 角 分 ￥ 5 6 8 6 1 6 0

汇票到期日（大写）	贰零贰贰年零陆月零伍日	付款行	行号	434200951296584
承兑协议编号	YHCDHP2016120501		地址	湖北省武汉市珞瑜路89号

本汇票请你行承兑，到期无条件付款。　　　本汇票已经承兑，到期由本行付款。

（武汉益通实业有限公司财务专用章）　（坤朱印云）　（中国建设银行武汉洪山支行 2021.12.05 转 承兑签章）

承兑日期 2022年06月05日

复核 钱安　　记账 邱华

出票人签章　　　　　　　　　　备注：

此联收款人开户行随托收凭证寄付款行作借方凭证附件

表6-68

海南增值税专用发票　№ 234506

发票联　　　　　　　　　　　开票日期：2021年12月05日

购买方	名　　称：武汉益通实业有限公司 纳税人识别号：91430100743564597U 地　址、电话：湖北省武汉市珞瑜路89号 027-25885194 开户行及账号：中国建设银行武汉洪山支行 346857823569	密码区	（略）

货物或应税劳务、服务名称	规格型号	单位	数量	单价	金额	税率	税额
A产品	ACP01	件	1480	34.00	50320.00	13%	6541.60
合　计					￥50320.00		￥6541.60

价税合计（大写）	⊗伍万陆仟捌佰陆拾壹元陆角零分　　（小写）￥56861.60

销售方	名　　称：海口时宏实业有限公司 纳税人识别号：91460100767477453U 地　址、电话：海口市海秀路18号 0898-65835166 开户行及账号：中国工商银行海口南沙支行 267506190241	备注	（海口时宏实业有限公司发票专用章）

收款人：周敏　　　复核：尹依朝　　　开票人：沈道仙　　　销售方：（章）

第三联：发票联 购买方记账凭证

163

项目6　会计基础完整经济业务实训

表 6-69

产品销售单

2021年 12月 05日
　　　　　　　　　　　　　　　　　　　　　　　　　　　　　　　　　元

购货单位	武汉益通实业有限公司		车　号		鄂A62811
产品名称	规格	单位	销售数量	单位成本	金额
A产品	ACP01	件	1480	23.44	34691.20
备　注					

制表单位：海口时宏实业有限公司　　　　财务科长：尹依朝　　　　制表人：孙志强

表 6-70

中国工商银行
现金支票存根
006754862

附加信息

出票日期：2021年12月06日

收款人：海口时宏实业有限公司

金　额：¥3000.00

用　途：备用金

单位主管 刘卓廷　　会计 尹依朝

中国工商银行 现金支票　　006754862

出票日期（大写）贰零贰壹年壹拾贰月零陆日　付款行名称：工行海口南沙支行
收款人：海口时宏实业有限公司　　出票人账号：267506190241

人民币（大写）叁仟元整　　　　　　　　　　¥3000000（亿千百十万千百十元角分）

用途　备用金　　　　　密码

上列款项请从我账户内支付
出票人签章（海口时宏实业有限公司 财务专用章）　　复核　（林正国印）　记账

表 6-71

中国工商银行
转账支票存根
00968518

附加信息

出票日期：2021年12月07日

收款人：代发工资户

金　额：¥44000.00

用　途：工资

单位主管 刘卓廷　　会计 尹依朝

中国工商银行 转账支票　　00968518

出票日期（大写）贰零贰壹年壹拾贰月零柒日　付款行名称：工行海口南沙支行
收款人：代发工资户　　出票人账号：267506190241

人民币（大写）肆万肆仟元整　　　　　　¥44000000（亿千百十万千百十元角分）

用途　工资　　　　　密码
　　　　　　　　　　　行号

上列款项请从我账户内支付
出票人签章（海口时宏实业有限公司 财务专用章）　　复核　（林正国印）　记账

项目6 会计基础完整经济业务实训

表6-72　　　　　　　　　中国工商银行　进账单（收账通知）　　　　2

2021年12月07日

付款人	全称	海口时宏实业有限公司	收款人	全称	代发工资户
	账号	267506190241		账号	986414588662
	开户银行	中国工商银行海口南沙支行		开户银行	中国工商银行海口南沙支行

金额	人民币（大写）	肆万肆仟元整	亿 千 百 十 万 千 百 十 元 角 分
			￥ 4 4 0 0 0 0 0

票据种类	转账支票	票据张数	1
票据号码			

备注：银行代发工资

复核 周影利　　　　　记账 张山民　　　　　收款人开户银行签章

此联是收款人开户银行交给收款人的收账通知

表6-73　　　　　　　　　　银行代企业发放职工工资表

2021年12月07日　　　　　　　　　　　　　　　　　　　　　单位：元

部门＼项目	应付职工工资	支付职工工资	部门领款人签名	银行记录
基本生产车间				
A产品生产工人工资	21 000.00	21 000.00	林雄席	已支付
B产品生产工人工资	15 000.00	15 000.00	林雄席	已支付
车间管理人员工资	4 996.00	4 996.00	王康良	已支付
销售部				
销售部人员工资	1 154.00	1 154.00	孙志强	已支付
行政管理部				
行政管理部人员工资	1 850.00	1 850.00	张有田	已支付
合　计	44 000.00	44 000.00		

财务科长：尹依朝　　　　　制表人：周敏　　　　　银行支付记录人：何胜清

项目6 会计基础完整经济业务实训

表6-74

海南增值税专用发票

№ 0096842

开票日期：2021年12月08日

购买方	名　　　　称：海口时宏实业有限公司 纳税人识别号：91460100767477453U 地　址、电　话：海口市海秀路18号 0898-65835166 开户行及账号：中国工商银行海口南沙支行 267506190241	密码区	（略）

货物或应税劳务、服务名称	规格型号	单位	数量	单价	金额	税率	税额
账簿		本	10	10.00	100.00	13%	13.00
笔		支	20	3.00	60.00	13%	7.80
订书机		个	1	22.00	22.00	13%	2.86
合　计					￥182.00		￥23.66

（现金付讫）

价税合计（大写）　⊗贰佰零伍元陆角陆分　　　（小写）￥205.66

销售方	名　　　　称：海口远大百货商店 纳税人识别号：91460100718438467U 地　址、电　话：海口市滨江路12号 0898-68650231 开户行及账号：中国建设银行海口滨江支行 95625241652	备注	（海口远大百货商店发票专用章）

收款人：肖开亮　　复核：张云明　　开票人：郑家丽　　销售方：（章）

表6-75

银行承兑汇票　2

出票日期 贰零贰壹 年 壹拾贰 月 零玖 日　　××××××

出票人全称	海口时宏实业有限公司	收款人	全　称	上海力强实业有限公司
出票人账号	267506190241		账　号	576894821574
付款行全称	中国工商银行海口南沙支行		开户银行	中国建设银行上海浦东支行
出票金额	人民币（大写）壹万捌仟叁佰零陆元整			千百十万千百十元角分　￥1 8 3 0 6 0 0
汇票到期日（大写）	贰零贰贰年零陆月零玖日	付款行	行　号	211769481879
			地　址	中国工商银行海口南沙支行
承兑协议编号	YHCDHP2016120903			

本汇票请你行承兑，到期无条件付款。

出票人签章（海口时宏实业有限公司财务专用章）（林正国印）

本汇票已经承兑，到期日由本行付款。

（中国工商银行海口南沙支行 2021.12.09 承兑行签章）

承兑日期 2022 年 06 月 05 日

复核　钱安
记账　邱华

备注：

项目6　会计基础完整经济业务实训

表 6-76

上海增值税专用发票

№ 0045699

开票日期：2021年12月09日

购买方	名　　称：海口时宏实业有限公司 纳税人识别号：91460100767477453U 地　址、电　话：海口市海秀路 18 号 0898-65835166 开户行及账号：中国工商银行海口南沙支行 267506190241	密码区	（略）

货物或应税劳务、服务名称	规格型号	单位	数量	单价	金额	税率	税额
甲材料	QCL369	千克	2700	6.00	16200.00	13%	2016.00
合　计					¥16200.00		¥2016.00

价税合计（大写）　⊗壹万捌仟叁佰零陆元整　　　　（小写）¥18306.00

销售方	名　　称：上海力强实业有限公司 纳税人识别号：91490100912371592U 地　址、电　话：上海市浦东路 66 号 021-26991622 开户行及账号：中国建设银行上海浦东支行 576894821574	备注	（发票专用章）

收款人：吴明龙　　复核：王建军　　开票人：李茉莉　　销售方：（章）

第三联：发票联　购买方记账凭证

表 6-77

材料验收入库单

供货编号：22613
供货单位：上海力强实业有限公司　　2021年12月09日　　入库仓库：1号

材料编号	材料名称	规　格	计量单位	数　量	单　价	金额/元	备注
SHCL001	甲材料	QCL369	千克	2700	6.00	16200.00	银行承兑汇票
合　计							

仓储主管：高冬欣　　验收：吴迪桂　　采购主管：蔡秋德　　采购员：李亿进

表 6-78

差旅费报销单

部门：行政管理部　　2021年12月09日

姓名：邱超群　　出差事由：参加企业发展研讨会　　出差自 2021年12月06日　至 2021年12月08日　共3天

起讫时间及地点					车船票		夜间乘车补助费		出差乘补费		住宿费	其他	
月	日	起	月	日	讫	类别	金额	时间	标准	金额	日数	标准	金额	金额	摘要	金额
12	6	海口	12	6	三亚	汽车	90.00									
12	8	三亚	12	8	海口	汽车	90.00				3	15	45.00	400.00	其他车补	47.35
小　计							180.00						45.00	400.00		

现金付讫

合计金额（大写）：陆佰柒拾贰元叁角伍分
备注：预借¥0　　核销¥0　　退补¥672.35

单位领导：林正国　　财务主管：尹依朝　　审核：刘卓廷　　填报人：邱超群

项目6　会计基础完整经济业务实训

表 6-79

海南增值税专用发票　　　　　　№ 034566

开票日期：2021年12月12日

购买方	名　称：南宁建信实业有限公司 纳税人识别号：917601002147913620 地　址、电　话：广西壮族自治区南宁市北松路 37 号 0767-5835134 开户行及账号：中国建设银行南宁北松支行 764557353521	密码区	（略）

货物或应税劳务、服务名称	规格型号	单位	数量	单价	金额	税率	税额
B 产品	BCP02	件	1200	29.00	34800.00	13%	4524.00
合　计					¥34800.00		¥4524.00

价税合计（大写）　叁万玖仟叁佰贰拾肆元整　　（小写）¥39324.00

销售方	名　称：海口时宏实业有限公司 纳税人识别号：914601007674774530 地　址、电　话：海口市海秀路 18 号 0898-65835166 开户行及账号：中国工商银行海口南沙支行 267506190241	备注	（海口时宏实业有限公司发票专用章）

收款人：周敏　　复核：尹依朝　　开票人：周敏　　销售方：（章）

表 6-80

产品销售单

2021 年 12 月 12 日　　　　　　　　　　　　　　单位：元

购货单位	南宁建信实业有限公司	车　号	桂 A59344

产品名称	规格	单位	销售数量	单位成本	金额
B 产品	BCP02	件	1200	20.00	24000.00
备　注					赊销

制表单位：海口时宏实业有限公司　　财务科长：尹依朝　　制表人：孙志强

表 6-81

海南增值税专用发票　　　　　　№ 292653

开票日期：2021年12月13日

购买方	名　称：海口时宏实业有限公司 纳税人识别号：914600076747745530 地　址、电　话：海口市海秀路 18 号 0898-65835166 开户行及账号：中国工商银行海口南沙支行 267506190241	密码区	（略）

货物或应税劳务、服务名称	规格型号	单位	数量	单价	金额	税率	税额
乙材料	YCL258	千克	2300	4.00	9200.00	13%	1196.00
合　计					¥9200.00		¥1196.00

价税合计（大写）　壹万零叁佰玖拾陆元整　　（小写）¥10396.00

销售方	名　称：海口达昌实业有限公司 纳税人识别号：914601005187343840 地　址、电　话：海口市龙华路 11 号 0898-66229740 开户行及账号：中国建设银行海口龙华支行 461139275625	备注	（海口达昌实业有限公司发票专用章）

收款人：石世佳　　复核：黄雪迪　　开票人：王文丽　　销售方：（章）

项目6　会计基础完整经济业务实训

表 6-82

材料验收入库单

2021 年 12 月 13 日

供货编号：22614
供货单位：海口达昌实业有限公司　　　　　　　　　　　　　　入库仓库：1号

材料编号	材料名称	规　格	计量单位	数量	单价	金额/元	备注
SHCL002	乙材料	YCL258	千克	2300	4.00	9200.00	赊购
合　计							

仓储主管：高冬欣　　　　验收：吴迪桂　　　　采购主管：蔡秋德　　　　采购员：李亿进

表 6-83

领　料　单

领料部门：基本生产车间　　　　　　　　　　　　　　　　　　　　领料编号：1201
领料用途：生产A产品　　　　　　2021 年 12 月 15 日　　　　　　发料仓库：1号

材料类别	材料编号	材料名称	规　格	计量单位	数量 请领	数量 实领	单价	金额/元
主要材料		甲材料	QCL369	千克	2000	2000	6.00	12000.00
合　计								

发料主管：高冬欣　　　　发料：吴迪桂　　　　领料主管：王康良　　　　领料：林雄席

表 6-84

领　料　单

领料部门：基本生产车间　　　　　　　　　　　　　　　　　　　　领料编号：1202
领料用途：车间一般耗用　　　　　2021 年 12 月 15 日　　　　　　发料仓库：1号

材料类别	材料编号	材料名称	规　格	计量单位	数量 请领	数量 实领	单价	金额/元
主要材料		甲材料	QCL369	千克	228	228	6.00	1368.00
合　计								

发料主管：高冬欣　　　　发料：吴迪桂　　　　领料主管：王康良　　　　领料：林雄席

表 6-85

领　料　单

领料部门：销售部　　　　　　　　　　　　　　　　　　　　　　　　领料编号：1203
领料用途：销售部领用　　　　　　2021 年 12 月 15 日　　　　　　发料仓库：1号

材料类别	材料编号	材料名称	规　格	计量单位	数量 请领	数量 实领	单价	金额/元
主要材料		甲材料	QCL369	千克	48	48	6.00	288.00
合　计								

发料主管：高冬欣　　　　发料：吴迪桂　　　　领料主管：王康良　　　　领料：林雄席

项目6　会计基础完整经济业务实训

表 6-86

领　料　单

领料部门：行政管理部　　　　　　　　　　　　　　　　　　　　　　　领料编号：1204
领料用途：行政管理部领用　　　　　2021年12月15日　　　　　　　　　发料仓库：1号

材料类别	材料编号	材料名称	规　格	计量单位	数量（请领）	数量（实领）	单　价	金额/元
主要材料		甲材料	QCL369	千克	34	34	6.00	204.00
合　计								

发料主管：高冬欣　　　　　发料：吴迪桂　　　　　领料主管：王康良　　　　　领料：林雄席

表 6-87

领　料　单

领料部门：基本生产车间　　　　　　　　　　　　　　　　　　　　　　　领料编号：1205
领料用途：生产B产品　　　　　　　2021年12月16日　　　　　　　　　发料仓库：1号

材料类别	材料编号	材料名称	规　格	计量单位	数量（请领）	数量（实领）	单　价	金额/元
主要材料		乙材料	YCL258	千克	1900	1900	4.00	7600.00
合　计								

发料主管：高冬欣　　　　　发料：吴迪桂　　　　　领料主管：王康良　　　　　领料：林雄席

表 6-88

领　料　单

领料部门：基本生产车间　　　　　　　　　　　　　　　　　　　　　　　领料编号：1206
领料用途：车间一般耗用　　　　　　2021年12月16日　　　　　　　　　发料仓库：1号

材料类别	材料编号	材料名称	规　格	计量单位	数量（请领）	数量（实领）	单　价	金额/元
主要材料		乙材料	YCL258	千克	235	235	4.00	940.00
合　计								

发料主管：高冬欣　　　　　发料：吴迪桂　　　　　领料主管：王康良　　　　　领料：林雄席

表 6-89

领　料　单

领料部门：销售部　　　　　　　　　　　　　　　　　　　　　　　　　　领料编号：1207
领料用途：销售部领用　　　　　　　2021年12月16日　　　　　　　　　发料仓库：1号

材料类别	材料编号	材料名称	规　格	计量单位	数量（请领）	数量（实领）	单　价	金额/元
主要材料		乙材料	YCL258	千克	36	36	4.00	144.00
合　计								

发料主管：高冬欣　　　　　发料：吴迪桂　　　　　领料主管：王康良　　　　　领料：林雄席

项目6 会计基础完整经济业务实训

表 6-90

领 料 单

领料部门：行政管理部　　　　　　　　　　　　　　　　　　　　　　　　领料编号：1208
领料用途：行政管理部领用　　　　　2021年12月16日　　　　　　　　　　发料仓库：1号

材料类别	材料编号	材料名称	规　格	计量单位	数量 请领	数量 实领	单　价	金额/元
主要材料		乙材料	YCL258	千克	29	29	4.00	116.00
合　计								

发料主管：高冬欣　　　　　发料：吴迪桂　　　　　领料主管：王康良　　　　　领料：林雄席

表 6-91

中国工商银行
转账支票存根
00968519

附加信息 _____
_____
_____

出票日期：2021年12月19日

收 款 人：海口万和物业有限公司
金　　额：¥1417.00
用　　途：12月份租金

单位主管 刘卓廷　　会计 尹依朝

中国工商银行 转账支票　　00968519

付款期限自出票之日起十天

出票日期（大写）：贰零贰壹年壹拾贰月壹拾玖日　　付款行名称：工行海口南沙支行
收款人：海口万和物业有限公司　　出票人账号：267506190241

人民币（大写）：壹仟肆佰壹拾柒元整　　　　¥ 1 4 1 7 0 0

用途：12月租金　　　　　　　　　　密码 _____
上列款项请从　　　　　　　　　　　行号 _____
我账户内支付
出票人签章　　（海口时宏实业有限公司 财务专用章）　　复核 （林正国印）　　记账

表 6-92

中国农业银行 进账单 （收账通知）　　　2

2021年12月19日

付款人	全　称	海口时宏实业有限公司	收款人	全　称	海口万和物业有限公司	此联是收款人开户银行交给收款人的收账通知
	账　号	267506190241		账　号	09526222952	
	开户银行	中国工商银行海口南沙支行		开户银行	中国农业银行海口营业部	
金额	人民币（大写）	壹仟肆佰壹拾柒元整			亿 千 百 十 万 千 百 十 元 角 分　¥ 1 4 1 7 0 0	
票据种类	转账支票	票据张数	1		（中国农业银行海口营业部 2021.12.19 转讫）	
票据号码						
备注：付12月租金					收款人开户银行签章	

复核 周影利　　　　　记账 张山民

项目6　会计基础完整经济业务实训

表6-93

海南增值税专用发票

№ 100985

开票日期：2021年12月19日

购买方	名　　　称：海口时宏实业有限公司 纳税人识别号：9146000767477453U 地　址、电　话：海口市海秀路18号 0898-65835166 开户行及账号：中国工商银行海口南沙支行 267506190241	密码区	（略）

货物或应税劳务、服务名称	规格型号	单位	数量	单价	金额	税率	税额
房屋租赁					1300.00	9%	117.00
合　计					￥1300.00		￥117.00

价税合计（大写）	⊗壹仟肆佰壹拾柒元零角零分	（小写）￥1417.00

销售方	名　　　称：海口万和物业有限公司 纳税人识别号：91460100716523231U 地　址、电　话：海口市滨江路356号 0898-68665892 开户行及账号：中国农业银行海口营业部 09526222952	备注	（海口万和物业有限公司发票专用章）

收款人：王研美　　　复核：张云琴　　　开票人：郑家玉　　　销售方：（章）

表6-94

房屋租赁费用分配表

2021年12月19日

金额单位：元

分配对象	分配账户	分配额	备注
基本生产车间	制造费用	400.00	银行付讫
销售部门	销售费用	300.00	银行付讫
行政部门	管理费用	600.00	银行付讫
合　计		1 300.00	

制表单位：海口时宏实业有限公司　　　财务科长：尹依朝　　　制表人：周敏

表6-95

中国工商银行人民币计息通知单

2021年12月21日10时15分

（中国工商银行海口南沙支行 2021.12.21 转讫）

海口南沙支行　　　　　　　2021年12月21日

单位账号：267506190241　　　单位名称：海口时宏实业有限公司

应付利息：0.00　　　　　　　应收利息：103.87

摘要：计息期间　　　　　　　2021.09.21—2021.12.20

项目6 会计基础完整经济业务实训

表 6-96

中国工商银行 转账支票存根 00968520	中国工商银行 转账支票　　　00968520
附加信息_____	出票日期（大写）贰零贰壹年壹拾贰月贰拾贰日　付款行名称：工行海口南沙支行 收款人：海口市慈善总会　　　　　　　　出票人账号：267506190241

出票日期：2021年12月22日

收款人：海口市慈善总会

金　额：¥1600.00

用　途：捐款

单位主管 刘卓延　　会计 尹依朝

人民币（大写）壹仟陆佰元整　　￥160000

用途：捐款

上列款项请从我账户内支付

出票人签章：（海口时宏实业有限公司 财务专用章）

密码_____
行号_____
复核（国印）（林正）　记账

表 6-97　　　中国银行 进账单（收账通知）　　　2

2021年12月22日

付款人	全称	海口时宏实业有限公司	收款人	全称	海口市慈善总会
	账号	267506190241		账号	09520100952
	开户银行	中国工商银行海口南沙支行		开户银行	中国银行海口营业部

金额　人民币（大写）壹仟陆佰元整　　￥160000

票据种类	转账支票	票据张数	1
票据号码			

备注：

复核 周影利　　记账 张山民　　收款人开户银行签章（中国银行海口营业部 2021.12.22 转讫）

此联是银行交给收款人的收账通知

表 6-98　　　海口市慈善总会

收款收据

收款日期：2021年12月22日　　　　　　　　　　　　　　No.23413

今收到：海口时宏实业有限公司

交　来：捐赠款

人民币（大写）壹仟陆佰元整　　　　　　（小写）¥1600.00

备注：银行转账　（海口市慈善总会 财务专用章）

收款单位：海口市慈善总会　　收款人：王齐顺　　经办人：张任强

表 6-99　　　　　　　　　　　　　工资费用分配表
　　　　　　　　　　　　　　　　　2021年12月22日　　　　　　　　　　　　　　　　　　　　　元

项目 部门	基础工资	职称工资	岗位工资	工龄工资	合　计
基本生产车间					
A产品生产工人工资	7 000.00	8 000.00	5 600.00	1 000.00	21 600.00
B产品生产工人工资	5 000.00	6 000.00	3 400.00	1 000.00	15 400.00
车间管理人员工资	1 000.00	3 000.00	2 232.00	400.00	6 632.00
销售部					
销售部人员工资	300.00	500.00	340.00	20.00	1 160.00
行政管理部					
行政管理部人员工资	400.00	600.00	160.00	70.00	1 230.00
合　计	13 700.00	18 100.00	11 732.00	2 490.00	46 022.00

制表单位：海口时宏实业有限公司　　　　财务科长：尹依朝　　　　制表人：周敏

表 6-100　　　　　　　　　　　借款利息支付凭证（传票回单）
代号：343

借款单位名称	海口时宏实业有限公司	放款账号	267506190241	存款账号	232002230022

借款利息支出金额　（大写）壹佰伍拾元整　　　　　　￥1 5 0 0 0（十万/万/千/百/十/元/角/分）

请（已）　　从号账户内（以现金）付出　　　记账日期 2021年 12月 23日
归还（收回）上列款项　　　　　　　　　　　借_____￥_____
　　　　　　　　　此致　　　　　　　　　　贷_____￥_____
银行（单位）　　　　　　　　　　　　　　　贷_____￥_____

　　　　　　　　单位（银行）盖章　　日记账：刘锐刚　　复核：周彩利　　记账：张山民
　　　　　　　　　　　　　　　　　　　　　（主管）　　　（会计）

表 6-101　　　　　　　　　　　长期借款计息单
　　　　　　　　　　　　　　　　2021年12月23日　　　　　　　　　　　　　　　　元

项　目	借款本金	借款年利息率	12月份应计利息	备　注
建造仓库向银行长期借款	80000.00	6%	400.00	到期一次还本付息
			400.00	

制表单位：海口时宏实业有限公司　　　　财务科长：尹依朝　　　　制表人：周敏

项目6　会计基础完整经济业务实训

表 6-102

海南增值税专用发票

发票联

No 0102005

开票日期：2021年12月26日

购买方	名　　称：海口时宏实业有限公司 纳税人识别号：91460100767477453U 地　址、电　话：海口市海秀路 18 号 0898-65835166 开户行及账号：中国工商银行海口南沙支行 267506190241	密码区	（略）

货物或应税劳务、服务名称	规格型号	单位	数量	单价	金额	税率	税额
电话费					260.00	9%	23.40
合　计					￥260.00		￥23.40

价税合计（大写）　⊗贰佰捌拾叁元肆角零分　　　　　（小写）￥283.40

销售方	名　　称：中国电信股份有限公司海南分公司 纳税人识别号：91460100209245962U 地　址、电　话：海口市西沙路 118 号 0898-68681000 开户行及账号：中国工商银行 622205126542118	备注	（中国电信股份有限公司海南分公司 91460100209245962U 发票专用章）

收款人：杨启燕　　　　　复核：孙玉欣　　　　　开票人：白平娟　　　　　销售方：（章）

第三联：发票联 购买方记账凭证

表 6-103

固定资产折旧汇总表

2021 年 12 月 27 日　　　　　　　　　　　　　　　　　　　单位：元

受益部门	计提基数（原值）	计提折旧年限/年	12 月应计提折旧金额
基本生产车间	16 800.00	5	280.00
销售部	6 000.00	4	125.00
行政管理部	12 000.00	4	250.00
合　计			655.00

制表单位：海口时宏实业有限公司　　　　财务科长：尹依朝　　　　制表人：周敏

表 6-104

基本生产车间制造费用分配表

2021 年 12 月 28 日　　　　　　　　　　　　　　　　　　　单位：元

制造费用分配对象	分配标准（生产工人工资）	分配率	分配额
生产 A 产品			
生产 B 产品			
合　计			9 620.00

制表单位：海口时宏实业有限公司　　　　财务科长：尹依朝　　　　制表人：周敏

表 6-105

产品成本计算单

产品名称：A 产品　　　2021 年 12 月 29 日　　　　　　　　　　　　　　　单位：元

项　目		产量／件	直接材料	直接人工	制造费用	合　计
月初在产品成本						
本月生产费用小计			12 000.00	21 600.00	5 616.00	39 216.00
生产费用累计			12 000.00	21 600.00	5 616.00	39 216.00
本月投入		1 600				
约当产量						
分配率						
月末完工产品成本	总成本	1 600	12 000.00	21 600.00	5 616.00	39 216.00
	单位成本		7.5	13.5	3.51	24.51
月末在产品成本						

制表单位：海口时宏实业有限公司　　　财务科长：尹依朝　　　制表人：周敏

表 6-106

完工产成品入库汇总表

产品名称：A 产品　　　2021 年 12 月 29 日　　　　　　　　　　　　　　　单位：元

项　目	产量／件	单位成本	总成本	产品规格
直接材料	1 600	7.50	12 000.00	ACP01
直接人工	1 600	13.50	21 600.00	ACP01
制造费用	1 600	3.51	5 616.00	ACP01
完工产品成本	1 600	24.51	39 216.00	ACP01

制表单位：海口时宏实业有限公司　　　财务科长：尹依朝　　　制表人：周敏

表 6-107

产品成本计算单

产品名称：B 产品　　　2021 年 12 月 29 日　　　　　　　　　　　　　　　单位：元

项　目		产量／件	直接材料	直接人工	制造费用	合　计
月初在产品成本						
本月生产费用小计			7 600.00	15 400.00	4 004.00	27 004.00
生产费用累计			7 600.00	15 400.00	4 004.00	27 004.00
本月投入		1 250				
约当产量						
分配率						
月末完工产品成本	总成本	1 250	7 600.00	15 400.00	4 004.00	27 004.00
	单位成本		6.08	12.32	3.20	21.60
月末在产品成本						

制表单位：海口时宏实业有限公司　　　财务科长：尹依朝　　　制表人：周敏

表 6-108　　　　　　　　　　　完工产成品入库汇总表
产品名称：B 产品　　　　　　　　2021 年 12 月 29 日　　　　　　　　　　　　　　单位：元

项　目	产量/件	单位成本	总成本	产品规格
直接材料	1 250	6.08	7 600.00	BCP02
直接人工	1 250	12.32	15 400.00	BCP02
制造费用	1 250	3.20	4 004.00	BCP02
完工产品成本	1 250	21.60	27 004.00	BCP02

制表单位：海口时宏实业有限公司　　　　财务科长：尹依朝　　　　制表人：周敏

表 6-109　　　　　　　　　　　产品销售汇总表
产品名称：A 产品　　　　　　　　2021 年 12 月 30 日　　　　　　　　　　　　　　单位：元

规　格	销售时间	计量单位	数　量	单位成本	总成本
ACP01	2021.12.05	件	1 480	23.44	34 691.20
合　计			1 480		34 691.20

制表单位：海口时宏实业有限公司　　　　财务科长：尹依朝　　　　制表人：周敏

表 6-110　　　　　　　　　　　产品销售汇总表
产品名称：B 产品　　　　　　　　2021 年 12 月 30 日　　　　　　　　　　　　　　单位：元

规　格	销售时间	计量单位	数　量	单位成本	总成本
BCP02	2021.12.12	件	1 200	20.00	24 000.00
合　计			1 200		24 000.00

制表单位：海口时宏实业有限公司　　　　财务科长：尹依朝　　　　制表人：周敏

表6-111　增值税纳税申报表

纳税人名称			海口时宏实业有限公司			微机编号			WJPH-01	
纳税期限	2022年01月10日		税款所属期限	2021年12月01日至2021年12月31日		税务登记证号码			460100767477453	
应税货物或劳务名称	计税数量	计量单位	计税依据	生产率或征收率	销项税额	进项税额		应纳税额	减免税额	批准缓税额	本期申报应纳税额
						合计	其中：本期允许抵扣				
1	2	3	4	5	6=4×5	7	8	9=6-8	10	11	12=9-10-11
期初				13%		7228.96					
购料				13%		3490.16					
销售				13%	11065.60						
合计					11065.60	10719.62					345.98
附列资料	增值税专用发票领、用、存情况	零购数量（组）		使用数量（组）		作废数量（组）		结存数量（组）			
申报单位可代理机构	申报人（公章）或代理人（签名或盖章）				税务机关审核	审理日期： 审核时间：					
	申报日期：		代理人： 年　月　日				审核人：（章）				

表6-112　税金及附加计算表
2021年12月31日　　　　　　　　　　　　　　　　　　　　　　　　　单位：元

税　种	计税依据（本期应交增值税）	税　率	应税金额
城市维护建设税	345.98	7%	24.22
教育费附加	345.98	3%	10.38
合　计			34.60

制表单位：海口时宏实业有限公司　　　财务科长：尹依朝　　　制表人：周敏

表6-113　收益类账户本月发生额汇总表
2021年12月31日　　　　　　　　　　　　　　　　　　　　　　　　　单位：元

收益类账户	2021年12月份发生额
主营业务收入——A产品	50 320.00
主营业务收入——B产品	34 800.00
营业外收入	2 000.00
合　计	87 120.00

制表单位：海口时宏实业有限公司　　　财务科长：尹依朝　　　制表人：周敏

项目6　会计基础完整经济业务实训

表 6-114　　　　　　　　　　　费用类账户本月发生额汇总表
2021 年 12 月 31 日　　　　　　　　　　　　　　　　单位：元

费用类账户	2021 年 12 月份发生额
主营业务成本——A 产品	34 691.20
主营业务成本——B 产品	24 000.00
税金及附加	196.60
销售费用	2 427.00
管理费用	3 514.35
财务费用	46.13
营业外支出	1 600.00
合　计	66 475.28

制表单位：海口时宏实业有限公司　　　　财务科长：尹依朝　　　　制表人：周敏

表 6-115　　　　　　　　　　　应交企业所得税计算表
2021 年 12 月 31 日　　　　　　　　　　　　　　　　单位：元

项　目	金　额
1—11 月税前会计利润	-6 634.27
12 月税前会计利润	20 644.72
本年税前会计利润（利润总额）	14 010.45
加（减）：永久性差异	
减（减）：暂时性差异	
本年应纳税所得额	14 010.45
所得税税率	25%
本年应交企业所得税	3 502.61

制表单位：海口时宏实业有限公司　　　　财务科长：尹依朝　　　　制表人：周敏

表 6-116　　　　　　　　　　所得税费用账户本月发生额汇总表
2021 年 12 月 31 日　　　　　　　　　　　　　　　　单位：元

项　目	2021 年 12 月份发生额
本年应交企业所得税	3 502.61
当期所得税	3 502.61
递延所得税	0
本年所得税费用	3 502.61

制表单位：海口时宏实业有限公司　　　　财务科长：尹依朝　　　　制表人：周敏

项目6　会计基础完整经济业务实训

表 6-117　　　　　　　　　　本年税后利润（净利润）计算表
　　　　　　　　　　　　　　　　2021 年 12 月 31 日　　　　　　　　　　　　　　　　　单位：元

项　目	金　额
1—11 月税前会计利润	−6 634.27
12 月税前会计利润	20 644.72
本年税前会计利润（利润总额）	14 010.45
本年所得税费用	3 502.61
本年税后利润（净利润）	10 507.84

制表单位：海口时宏实业有限公司　　　　财务科长：尹依朝　　　　制表人：周敏

表 6-118　　　　　　　　　　　　本年利润分配计算表
　　　　　　　　　　　　　　　　2021 年 12 月 31 日　　　　　　　　　　　　　　　　　单位：元

利润分配项目	提取基数（本年净利润）	提取比例	金额
提取法定盈余公积	10 507.84	10%	1 050.78
提取任意盈余公积	10 507.84	5%	525.39
合　计			1 576.17

制表单位：海口时宏实业有限公司　　　　财务科长：尹依朝　　　　制表人：周敏

表 6-119　　　　　　　本年"利润分配"账户其他明细账户发生额
　　　　　　　　　　　　　　　　2021 年 12 月 31 日　　　　　　　　　　　　　　　　　单位：元

本年"利润分配"账户的其他明细账户	借方发生额	贷方发生额
提取法定盈余公积	1 050.78	
提取任意盈余公积	525.39	
合　计	1 576.17	

制表单位：海口时宏实业有限公司　　　　财务科长：尹依朝　　　　制表人：周敏

表 6-120
种类：人民币

库存现金 日记账

2021年

月	日	凭证字	凭证号	摘要	借方（十万千百十元角分）	贷方（十万千百十元角分）	借或贷	余额（十万千百十元角分）

项目6 会计基础完整经济业务实训

表6-121

种类：人民币　　开户银行：中国工商银行海口南沙支行　　账号：267506190241

银行存款 日记账

2021年		凭证		摘要	借方								贷方								借或贷	余额							
月	日	字	号		十万	千	百	十	元	角	分		十万	千	百	十	元	角	分			十万	千	百	十	元	角	分

(续表)

种类：人民币　　开户银行：中国工商银行广州南沙支行　　账号：26750619 0241

银行存款 日记账

2021年		凭证字号	摘要	借方								贷方								借或贷	余额							
月	日			十万	千	百	十	元	角	分		十万	千	百	十	元	角	分			十万	千	百	十	元	角	分	

表 6-122 生产成本 明细分类账

车间名称：基本生产车间　　产品名称：A产品　　计量单位：元　　第　　页

2021年		凭证编号	摘要	合计	直接材料	直接人工	制造费用	废品损失	停工损失
月	日								

表 6-123

生产成本 明细分类账

车间名称：基本生产车间　产品名称：B产品　计量单位：元　第　页

2021年		凭证编号	摘要	合计	直接材料	直接人工	制造费用	废品损失	停工损失
月	日								

表 6-124

明细账户名称：应交增值税

应交税费 明细分类账

计量单位：元

2021年		凭证		摘要	借方				贷方			借或贷	余额
月	日	字	号		进项税额	已交税金	转出未交增值税	合计	销项税额	进项税额转出	转出多交增值税		金额

(续表)

应交税费 明细分类账

明细账户名称：应交增值税　　　　　　　　　　　　　　　　　　　　　　　　　　　　　　　　　　　　　计量单位：元

2021年		凭证		摘要	借方				贷方				借或贷	余额
月	日	字	号		进项税额	已交税金	转出未交增值税	合计	销项税额	进项税额转出	转出多交增值税	合计		金额

项目6　会计基础完整经济业务实训

表 6-125

原材料　明细分类账

明细会计账户名称：甲材料　　　　　　　　　　　　　　　　　　　　　　　计量单位：千克

2021年		凭证		摘要	收入			发出			结存		
月	日	字	号		数量	单价	金额	数量	单价	金额	数量	单价	金额

表 6-126

原材料　明细分类账

明细会计账户名称：乙材料　　　　　　　　　　　　　　　　　　　　　　　计量单位：千克

2021年		凭证		摘要	收入			发出			结存		
月	日	字	号		数量	单价	金额	数量	单价	金额	数量	单价	金额

表 6-127

库存商品　明细分类账

明细会计账户名称：A产品　　　　　　　　　　　　　　　　　　　　　　　　计量单位：件

2021年		凭证		摘要	收入			发出			结存		
月	日	字	号		数量	单价	金额	数量	单价	金额	数量	单价	金额

表 6-128　　　　　　　　　　　库存商品　明细分类账

明细会计账户名称：*B 产品*　　　　　　　　　　　　　　　　　　　　　计量单位：件

2021年		凭证字号	摘要	收入			发出			结存		
月	日			数量	单价	金额	数量	单价	金额	数量	单价	金额

表6-129

车间名称：基本生产车间

制造费用 明细分类账

计量单位：元

第　页

2021年		凭证编号	摘要	合计	借方发生额分析				
月	日				物料费	工资	租赁费	折旧费	其他	…

表6-130

车间名称：基本生产车间

销售费用 明细分类账

计量单位：元

第 页

2021年		凭证编号	摘要	合计	借方发生额分析							
月	日				广告费	物料费	差旅费	工资	展览费	租赁费	折旧费	…

表 6-131

管理费用 明细分类账

部门名称：行政管理部
计量单位：元
第　页

2021年		凭证编号	摘要	合计	借方发生额分析							
月	日				中介费	办公费	物料费	工资	差旅费	租赁费	折旧费	…

（续表）

管理费用 明细分类账

部门名称：行政管理部　　　　计量单位：元　　　　第　　页

2021年		凭证编号	摘要	合计	借方发生额分析							
月	日				中介费	办公费	物料费	工资	差旅费	租赁费	折旧费	…

表 6-132

财务费用 明细分类账

车间名称：财务部　　　　　　　　　　　　　　　　　计量单位：元　　　　　　　　　　　　　　　　第　　页

2021年		凭证编号	摘要	合计	借方发生额分析				
月	日				手续费	利息支出	汇兑损失	现金折扣	其他	…

表 6-133　　　　　　　　　　　主营业务成本　明细账

2021年		凭证		摘　要	合计	借方发生额分析		
月	日	字	号			A产品	B产品	

表 6-134　　　　　　　　　　　税金及附加　明细账

2021年		凭证		摘　要	合计	借方发生额分析		
月	日	字	号			印花税	城建维护建设税	教育费附加

表 6-135　　　　　　　　　　　营业外支出　明细账

2021年		凭证		摘　要	合计	借方发生额分析		
月	日	字	号			捐赠支出	罚款支出	

表 6-136　　　　　　　　　　　　　所得税费用　明细账

2021年		凭证		摘要	合计	借方发生额分析		
月	日	字	号			应交所得税费用	递延所得税费用	

表 6-137　　　　　　　　　　　　　主营业务收入　明细账

2021年		凭证		摘要	合计	贷方发生额分析		
月	日	字	号			A产品	B产品	

表 6-138　　　　　　　　　　　　　营业外收入　明细账

2021年		凭证		摘要	合计	贷方发生额分析		
月	日	字	号			捐赠收入	盘盈利得	

表 6-139　　　　　　　　　　　　　应收票据　明细分类账

明细账户名称：武汉益通实业有限公司

总页　　分页

2021年		凭证		摘要	借方								贷方								借或贷	余额							
月	日	字	号		十	万	千	百	十	元	角	分	十	万	千	百	十	元	角	分		十	万	千	百	十	元	角	分

表 6-140　　　　　　　　　　　　　应收账款　明细分类账

明细账户名称：南宁建信实业有限公司

总页　　分页

2021年		凭证		摘要	借方								贷方								借或贷	余额							
月	日	字	号		十	万	千	百	十	元	角	分	十	万	千	百	十	元	角	分		十	万	千	百	十	元	角	分

表 6-141　　　　　　　　　　　　　其他应收款　明细分类账

明细账户名称：海口万和物业有限公司

总页　　分页

2021年		凭证		摘要	借方								贷方								借或贷	余额							
月	日	字	号		十	万	千	百	十	元	角	分	十	万	千	百	十	元	角	分		十	万	千	百	十	元	角	分

表 6-142　　　　　　　　　　　其他应收款　明细分类账　　　　　　　　总页 | 分页

明细账户名称：孙志强

2021年		凭证		摘要	借方	贷方	借或贷	余额
月	日	字	号		十万千百十元角分	十万千百十元角分		十万千百十元角分

表 6-143　　　　　　　　　　　在建工程　明细分类账　　　　　　　　　总页 | 分页

明细账户名称：仓库

2021年		凭证		摘要	借方	贷方	借或贷	余额
月	日	字	号		十万千百十元角分	十万千百十元角分		十万千百十元角分

表 6-144　　　　　　　　　　　固定资产　明细分类账　　　　　　　　　总页 | 分页

明细账户名称：基本生产车间（车床）

2021年		凭证		摘要	借方	贷方	借或贷	余额
月	日	字	号		十万千百十元角分	十万千百十元角分		十万千百十元角分

表6-145
明细账户名称：销售部门（计算机）

固定资产 明细分类账

2021年		凭证		摘要	借方	贷方	借或贷	余额
月	日	字	号		十万千百十元角分	十万千百十元角分		十万千百十元角分

表6-146
明细账户名称：行政管理部门（计算机）

固定资产 明细分类账

2021年		凭证		摘要	借方	贷方	借或贷	余额
月	日	字	号		十万千百十元角分	十万千百十元角分		十万千百十元角分

表6-147
明细账户名称：基本生产车间（车床）

累计折旧 明细分类账

2021年		凭证		摘要	借方	贷方	借或贷	余额
月	日	字	号		十万千百十元角分	十万千百十元角分		十万千百十元角分

表 6-148　　　　　　　　　　　　　　累计折旧　明细分类账　　　　　　　　　总页 ｜ 分页

明细账户名称：销售部门（计算机）

2021年		凭证		摘要	借方	贷方	借或贷	余额
月	日	字	号		十万千百十元角分	十万千百十元角分		十万千百十元角分

表 6-149　　　　　　　　　　　　　　累计折旧　明细分类账　　　　　　　　　总页 ｜ 分页

明细账户名称：行政管理部门（计算机）

2021年		凭证		摘要	借方	贷方	借或贷	余额
月	日	字	号		十万千百十元角分	十万千百十元角分		十万千百十元角分

表 6-150　　　　　　　　　　　　　　短期借款　明细分类账　　　　　　　　　总页 ｜ 分页

明细账户名称：工商银行海口南沙支行（9个月）

2021年		凭证		摘要	借方	贷方	借或贷	余额
月	日	字	号		十万千百十元角分	十万千百十元角分		十万千百十元角分

项目6 会计基础完整经济业务实训

表 6-151　　　　　　　　　　应付票据　明细分类账

明细账户名称：上海力强实业有限公司　　　　　　　　　　　　　　　总页　分页

2021年		凭证		摘要	借方	贷方	借或贷	余额
月	日	字	号		十万千百十元角分	十万千百十元角分		十万千百十元角分

表 6-152　　　　　　　　　　应付账款　明细分类账

明细账户名称：海口达昌实业有限公司　　　　　　　　　　　　　　　总页　分页

2021年		凭证		摘要	借方	贷方	借或贷	余额
月	日	字	号		十万千百十元角分	十万千百十元角分		十万千百十元角分

表 6-153　　　　　　　　　　应付账款　明细分类账

明细账户名称：广州明道实业有限公司　　　　　　　　　　　　　　　总页　分页

2021年		凭证		摘要	借方	贷方	借或贷	余额
月	日	字	号		十万千百十元角分	十万千百十元角分		十万千百十元角分

表 6-154　　　　　　　　　　应付职工薪酬　明细分类账　　　　　总页　分页

明细账户名称：工资

2021年		凭证字号	摘要	借方 十万千百十元角分	贷方 十万千百十元角分	借或贷	余额 十万千百十元角分
月	日						

表 6-155　　　　　　　　　　应交税费　明细分类账　　　　　　总页　分页

明细账户名称：应交增值税

2021年		凭证字号	摘要	借方 十万千百十元角分	贷方 十万千百十元角分	借或贷	余额 十万千百十元角分
月	日						

表 6-156　　　　　　　　　　应交税费　明细分类账　　　　　　总页　分页

明细账户名称：应交城市维护建设税

2021年		凭证字号	摘要	借方 十万千百十元角分	贷方 十万千百十元角分	借或贷	余额 十万千百十元角分
月	日						

表 6-157　　　　　　　　　　　　应交税费　明细分类账

明细账户名称：应交教育费附加　　　　　　　　　　　　　　　　　　　总页　｜　分页

2021年	凭证	摘要	借方	贷方	借或贷	余额
月 日	字 号		十万千百十元角分	十万千百十元角分		十万千百十元角分

表 6-158　　　　　　　　　　　　应付税费　明细分类账

明细账户名称：应交企业所得税　　　　　　　　　　　　　　　　　　　总页　｜　分页

2021年	凭证	摘要	借方	贷方	借或贷	余额
月 日	字 号		十万千百十元角分	十万千百十元角分		十万千百十元角分

表 6-159　　　　　　　　　　　　长期借款　明细分类账

明细账户名称：工商银行海口南沙支行（3年）　　　　　　　　　　　　　总页　｜　分页

2021年	凭证	摘要	借方	贷方	借或贷	余额
月 日	字 号		十万千百十元角分	十万千百十元角分		十万千百十元角分

表 6-160

实收资本 明细分类账

总页 分页

明细账户名称：海口硕江设备有限公司

2021年		凭证字号	摘要	借方 十万千百十元角分	贷方 十万千百十元角分	借或贷	余额 十万千百十元角分
月	日						

表 6-161

实收资本 明细分类账

总页 分页

明细账户名称：广州佳林商贸有限公司

2021年		凭证字号	摘要	借方 十万千百十元角分	贷方 十万千百十元角分	借或贷	余额 十万千百十元角分
月	日						

表 6-162

盈余公积 明细分类账

总页 分页

明细账户名称：法定盈余公积

2021年		凭证字号	摘要	借方 十万千百十元角分	贷方 十万千百十元角分	借或贷	余额 十万千百十元角分
月	日						

表 6-166　　　　　　　　　　　利润分配　明细分类账　　　　　总页 | 分页

明细账户名称：未分配利润

2021年		凭证		摘要	借方								贷方								借或贷	余额								
月	日	字	号		十	万	千	百	十	元	角	分	十	万	千	百	十	元	角	分		十	万	千	百	十	元	角	分

表 6-167　　　　　　　　　　　本年利润　明细分类账　　　　　总页 | 分页

明细账户名称：当期损益结转

2021年		凭证		摘要	借方								贷方								借或贷	余额								
月	日	字	号		十	万	千	百	十	元	角	分	十	万	千	百	十	元	角	分		十	万	千	百	十	元	角	分

表 6-168　　　　　　　　　　　科目汇总表

2021 年 11 月 01 日至 11 月 30 日的试算平衡表　　　　　　　　　元

序号	科　目	期初余额	借　方	贷　方	期末余额
1	库存现金				
2	银行存款				
3	应收票据				
4	应收账款				
5	其他应收款				
6	原材料				
7	生产成本				
8	制造费用				
9	库存商品				
10	在建工程				
11	固定资产				
12	累计折旧				
13	短期借款				
14	应付票据				
15	应付账款				
16	应付职工薪酬				
17	应交税费				
18	长期借款				
19	实收资本				
20	盈余公积				
21	利润分配				
22	本年利润				
23	主营业务收入				
24	营业外收入				
25	主营业务成本				
26	税金及附加				
27	销售费用				
28	管理费用				
29	财务费用				
30	营业外支出				
31	所得税费用				
	合　计				

编制单位：海口时宏实业有限公司

表 6-169　　　　　　　　　　　　　　　　科目汇总表

2021 年 12 月 01 日至 12 月 31 日的试算平衡表　　　　　　　　　　　　　　　元

序号	科目	期初余额	借方	贷方	期末余额
1	库存现金				
2	银行存款				
3	应收票据				
4	应收账款				
5	其他应收款				
6	原材料				
7	生产成本				
8	制造费用				
9	库存商品				
10	在建工程				
11	固定资产				
12	累计折旧				
13	短期借款				
14	应付票据				
15	应付账款				
16	应付职工薪酬				
17	应交税费				
18	长期借款				
19	实收资本				
20	盈余公积				
21	利润分配				
22	本年利润				
23	主营业务收入				
24	营业外收入				
25	主营业务成本				
26	税金及附加				
27	销售费用				
28	管理费用				
29	财务费用				
30	营业外支出				
31	所得税费用				
	合　计				

编制单位：海口时宏实业有限公司

项目6 会计基础完整经济业务实训

表 6-170　　　　　　　　　　　总 分 类 账

会计账户名称：库存现金　　　　　　　　　　　　　　　　　　　　　　　第　　页

2021年		凭证		摘要	借方										贷方										借或贷	余额									
月	日	字	号		十	万	千	百	十	元	角	分	十	万	千	百	十	元	角	分		十	万	千	百	十	元	角	分

表 6-171　　　　　　　　　　　总 分 类 账

会计账户名称：银行存款　　　　　　　　　　　　　　　　　　　　　　　第　　页

2021年		凭证		摘要	借方										贷方										借或贷	余额									
月	日	字	号		十	万	千	百	十	元	角	分	十	万	千	百	十	元	角	分		十	万	千	百	十	元	角	分

表 6-172　　　　　　　　　　　总 分 类 账

会计账户名称：应收票据　　　　　　　　　　　　　　　　　　　　　　　第　　页

2021年		凭证		摘要	借方										贷方										借或贷	余额									
月	日	字	号		十	万	千	百	十	元	角	分	十	万	千	百	十	元	角	分		十	万	千	百	十	元	角	分

表 6-173　　　　　　　　　　　　　　　　总 分 类 账

会计账户名称：应收账款　　　　　　　　　　　　　　　　　　　　　　　　　第　　页

2021年		凭证		摘要	借方									贷方									借或贷	余额								
月	日	字	号		十	万	千	百	十	元	角	分		十	万	千	百	十	元	角	分			十	万	千	百	十	元	角	分	

表 6-174　　　　　　　　　　　　　　　　总 分 类 账

会计账户名称：其他应收款　　　　　　　　　　　　　　　　　　　　　　　　第　　页

2021年		凭证		摘要	借方								贷方								借或贷	余额							
月	日	字	号		十	万	千	百	十	元	角	分	十	万	千	百	十	元	角	分		十	万	千	百	十	元	角	分

表 6-175　　　　　　　　　　　　　　　　总 分 类 账

会计账户名称：原材料　　　　　　　　　　　　　　　　　　　　　　　　　　第　　页

2021年		凭证		摘要	借方								贷方								借或贷	余额							
月	日	字	号		十	万	千	百	十	元	角	分	十	万	千	百	十	元	角	分		十	万	千	百	十	元	角	分

表 6-176　　　　　　　　　　　　　　　　总 分 类 账

会计账户名称：生产成本　　　　　　　　　　　　　　　　　　　　　　　　　第　　页

2021年		凭证		摘要	借方								贷方								借或贷	余额							
月	日	字	号		十	万	千	百	十	元	角	分	十	万	千	百	十	元	角	分		十	万	千	百	十	元	角	分

项目6 会计基础完整经济业务实训

表 6-177

总 分 类 账

会计账户名称：库存商品　　　　　　　　　　　　　　　　　　　　　　　　　第　　页

2021年		凭证字号	摘要	借方 十万千百十元角分	贷方 十万千百十元角分	借或贷	余额 十万千百十元角分
月	日						

表 6-178

总 分 类 账

会计账户名称：在建工程　　　　　　　　　　　　　　　　　　　　　　　　　第　　页

2021年		凭证字号	摘要	借方 十万千百十元角分	贷方 十万千百十元角分	借或贷	余额 十万千百十元角分
月	日						

表 6-179

总 分 类 账

会计账户名称：固定资产　　　　　　　　　　　　　　　　　　　　　　　　　第　　页

2021年		凭证字号	摘要	借方 十万千百十元角分	贷方 十万千百十元角分	借或贷	余额 十万千百十元角分
月	日						

表 6-180

总 分 类 账

会计账户名称：累计折旧　　　　　　　　　　　　　　　　　　　　　　　　　第　　页

2021年		凭证字号	摘要	借方 十万千百十元角分	贷方 十万千百十元角分	借或贷	余额 十万千百十元角分
月	日						

251

表 6-181

总分类账

会计账户名称：短期借款　　　　　　　　　　　　　　　　　　　　第　页

2021年		凭证字号	摘要	借方 十万千百十元角分	贷方 十万千百十元角分	借或贷	余额 十万千百十元角分
月	日						

表 6-182

总分类账

会计账户名称：应付票据　　　　　　　　　　　　　　　　　　　　第　页

2021年		凭证字号	摘要	借方 十万千百十元角分	贷方 十万千百十元角分	借或贷	余额 十万千百十元角分
月	日						

表 6-183

总分类账

会计账户名称：应付账款　　　　　　　　　　　　　　　　　　　　第　页

2021年		凭证字号	摘要	借方 十万千百十元角分	贷方 十万千百十元角分	借或贷	余额 十万千百十元角分
月	日						

表 6-184

总分类账

会计账户名称：应付职工薪酬　　　　　　　　　　　　　　　　　　第　页

2021年		凭证字号	摘要	借方 十万千百十元角分	贷方 十万千百十元角分	借或贷	余额 十万千百十元角分
月	日						

表 6-185　　　　　　　　　　　　　　　**总 分 类 账**

会计账户名称：应交税费　　　　　　　　　　　　　　　　　　　　　　　第　　页

2021年		凭证		摘要	借方										贷方										借或贷	余额									
月	日	字	号		十	万	千	百	十	元	角	分	十	万	千	百	十	元	角	分		十	万	千	百	十	元	角	分

表 6-186　　　　　　　　　　　　　　　**总 分 类 账**

会计账户名称：长期借款　　　　　　　　　　　　　　　　　　　　　　　第　　页

2021年		凭证		摘要	借方										贷方										借或贷	余额									
月	日	字	号		十	万	千	百	十	元	角	分	十	万	千	百	十	元	角	分		十	万	千	百	十	元	角	分

表 6-187　　　　　　　　　　　　　　　**总 分 类 账**

会计账户名称：实收资本　　　　　　　　　　　　　　　　　　　　　　　第　　页

2021年		凭证		摘要	借方										贷方										借或贷	余额									
月	日	字	号		十	万	千	百	十	元	角	分	十	万	千	百	十	元	角	分		十	万	千	百	十	元	角	分

表 6-188　　　　　　　　　　　　　　　**总 分 类 账**

会计账户名称：盈余公积　　　　　　　　　　　　　　　　　　　　　　　第　　页

2021年		凭证		摘要	借方										贷方										借或贷	余额									
月	日	字	号		十	万	千	百	十	元	角	分	十	万	千	百	十	元	角	分		十	万	千	百	十	元	角	分

表 6-189

总分类账

会计账户名称：利润分配　　　　　　　　　　　　　　　　　　第　页

2021年		凭证		摘要	借方										贷方										借或贷	余额									
月	日	字	号		十	万	千	百	十	元	角	分	十	万	千	百	十	元	角	分		十	万	千	百	十	元	角	分

表 6-190

总分类账

会计账户名称：本年利润　　　　　　　　　　　　　　　　　　第　页

2021年		凭证		摘要	借方										贷方										借或贷	余额									
月	日	字	号		十	万	千	百	十	元	角	分	十	万	千	百	十	元	角	分		十	万	千	百	十	元	角	分

表 6-191

总分类账

会计账户名称：主营业务收入　　　　　　　　　　　　　　　　第　页

2021年		凭证		摘要	借方										贷方										借或贷	余额									
月	日	字	号		十	万	千	百	十	元	角	分	十	万	千	百	十	元	角	分		十	万	千	百	十	元	角	分

表 6-192

总分类账

会计账户名称：营业外收入　　　　　　　　　　　　　　　　　第　页

2021年		凭证		摘要	借方										贷方										借或贷	余额									
月	日	字	号		十	万	千	百	十	元	角	分	十	万	千	百	十	元	角	分		十	万	千	百	十	元	角	分

表 6-193

总 分 类 账

会计账户名称：主营业务成本　　　　　　　　　　　　　　　　　　　　　　　　　第　页

2021年		凭证		摘要	借方										贷方										借或贷	余额									
月	日	字	号		十	万	千	百	十	元	角	分	十	万	千	百	十	元	角	分		十	万	千	百	十	元	角	分

表 6-194

总 分 类 账

会计账户名称：税金及附加　　　　　　　　　　　　　　　　　　　　　　　　　　第　页

2021年		凭证		摘要	借方										贷方										借或贷	余额									
月	日	字	号		十	万	千	百	十	元	角	分	十	万	千	百	十	元	角	分		十	万	千	百	十	元	角	分

表 6-195

总 分 类 账

会计账户名称：销售费用　　　　　　　　　　　　　　　　　　　　　　　　　　　第　页

2021年		凭证		摘要	借方										贷方										借或贷	余额									
月	日	字	号		十	万	千	百	十	元	角	分	十	万	千	百	十	元	角	分		十	万	千	百	十	元	角	分

表 6-196

总 分 类 账

会计账户名称：管理费用　　　　　　　　　　　　　　　　　　　　　　　　　　　第　页

2021年		凭证		摘要	借方										贷方										借或贷	余额									
月	日	字	号		十	万	千	百	十	元	角	分	十	万	千	百	十	元	角	分		十	万	千	百	十	元	角	分

项目6 会计基础完整经济业务实训

表 6-197
总分类账
会计账户名称：财务费用　　　　　　　　　　　　　　　　　　　　　第　　页

2021年		凭证		摘要	借方									贷方									借或贷	余额								
月	日	字	号		十	万	千	百	十	元	角	分	十	万	千	百	十	元	角	分		十	万	千	百	十	元	角	分

表 6-198
总分类账
会计账户名称：所得税费用　　　　　　　　　　　　　　　　　　　　第　　页

2021年		凭证		摘要	借方									贷方									借或贷	余额								
月	日	字	号		十	万	千	百	十	元	角	分	十	万	千	百	十	元	角	分		十	万	千	百	十	元	角	分

表 6-199
总分类账
会计账户名称：营业外支出　　　　　　　　　　　　　　　　　　　　第　　页

2021年		凭证		摘要	借方									贷方									借或贷	余额								
月	日	字	号		十	万	千	百	十	元	角	分	十	万	千	百	十	元	角	分		十	万	千	百	十	元	角	分

表 6-200
总分类账
会计账户名称：制造费用　　　　　　　　　　　　　　　　　　　　　第　　页

2021年		凭证		摘要	借方									贷方									借或贷	余额								
月	日	字	号		十	万	千	百	十	元	角	分	十	万	千	百	十	元	角	分		十	万	千	百	十	元	角	分

项目6 会计基础完整经济业务实训

表 6-201　　　　　　　　　　　　　　　资产负债表　　　　　　　　　　　　　　　会企 01 表

编制单位：海口时宏实业有限公司　　　　　2021 年 11 月 30 日　　　　　　　　　　　单位：元

资产	期末余额	年初余额	负债和所有者权益	期末余额	年初余额
流动资产：			流动负债：		
货币资金			短期借款		
交易性金融资产			交易性金融负债		
衍生金融资产			衍生金融负债		
应收票据			应付票据		
应收账款			应付账款		
预付款项			预收款项		
其他应收款			合同负债		
存货			应付职工薪酬		
合同资产			应交税费		
持有待售资产			其他应付款		
一年内到期的非流动资产			持有待售负债		
其他流动资产			一年内到期的非流动负债		
流动资产合计			其他流动负债		
非流动资产：			流动负债合计		
债权投资			非流动负债：		
其他债权投资			长期借款		
长期应收款			应付债券		
长期股权投资			长期应付款		
其他权益工具投资			预计负债		
其他非流动金融资产			递延收益		
投资性房地产			递延所得税负债		
固定资产			其他非流动负债		
在建工程			非流动负债合计		
生产性生物资产			负债合计		
油气资产			所有者权益（或股东权益）：		
无形资产			实收资本（或股本）		
开发支出			其他权益工具		
商誉			资本公积		
长期待摊费用			减：库存股		
递延所得税资产			其他综合收益		
其他非流动资产			盈余公积		
非流动资产合计			未分配利润		
			所有者权益合计		
资产总计			负债和所有者权益总计		

263

表 6-202　　　　　　　　　　　　　　　　资产负债表　　　　　　　　　　　　　　　　会企 01 表

编制单位：海口时宏实业有限公司　　　　　2021 年 12 月 31 日　　　　　　　　　　　　单位：元

资产	期末余额	年初余额	负债和所有者权益	期末余额	年初余额
流动资产：			流动负债：		
货币资金			短期借款		
交易性金融资产			交易性金融负债		
衍生金融资产			衍生金融负债		
应收票据			应付票据		
应收账款			应付账款		
预付款项			预收款项		
其他应收款			合同负债		
存货			应付职工薪酬		
合同资产			应交税费		
持有待售资产			其他应付款		
一年内到期的非流动资产			持有待售负债		
其他流动资产			一年内到期的非流动负债		
流动资产合计			其他流动负债		
非流动资产：			流动负债合计		
债权投资			非流动负债：		
其他债权投资			长期借款		
长期应收款			应付债券		
长期股权投资			长期应付款		
其他权益工具投资			预计负债		
其他非流动金融资产			递延收益		
投资性房地产			递延所得税负债		
固定资产			其他非流动负债		
在建工程			非流动负债合计		
生产性生物资产			负债合计		
油气资产			所有者权益（或股东权益）：		
无形资产			实收资本（或股本）		
开发支出			其他权益工具		
商誉			资本公积		
长期待摊费用			减：库存股		
递延所得税资产			其他综合收益		
其他非流动资产			盈余公积		
非流动资产合计			未分配利润		
			所有者权益合计		
资产总计			负债和所有者权益总计		

表 6-203　　　　　　　　　　　利润表　　　　　　　　　　　会企 02 表

编制单位：海口时宏实业有限公司　　2021 年 11 月　　　　　　　　单位：元

项　目	本期金额	上期金额
一、营业收入		
减：营业成本		
税金及附加		
销售费用		
管理费用		
研发费用		
财务费用		
其中：利息费用		
利息收入		
资产减值损失		
信用减值损失		
加：其他收益（损失以"-"号填列）		
投资收益（损失以"-"号填列）		
其中：对联营企业和合营企业的投资收益		
净敞口套期收益（损失以"-"号填列）		
公允价值变动收益（损失以"-"号填列）		
资产处置收益（损失以"-"号填列）		
二、营业利润（亏损以"-"号填列）		
加：营业外收入		
减：营业外支出		
三、利润总额（亏损总额以"-"号填列）		
减：所得税费用		
四、净利润（净亏损以"-"号填列）		
（一）持续经营净利润（净亏损以"-"号填列）		
（二）终止经营净利润（净亏损以"-"号填列）		
五、其他综合收益的税后净额		
（一）以后不能重分类进损益的其他综合收益		
（二）以后将重分类进损益的其他综合收益		
其中：其他债权投资公允价值变动损益		
六、综合收益总额		
七、每股收益		
（一）基本每股收益		
（二）稀释每股收益		

项目6　会计基础完整经济业务实训

表 6-204　　　　　　　　　　　　　利润表　　　　　　　　　　　　　会企 02 表
编制单位：海口时宏实业有限公司　　　2021 年 12 月　　　　　　　　　　单位：元

项　目	本期金额	上期金额
一、营业收入		
减：营业成本		
税金及附加		
销售费用		
管理费用		
研发费用		
财务费用		
其中：利息费用		
利息收入		
资产减值损失		
信用减值损失		
加：其他收益（损失以"-"号填列）		
投资收益（损失以"-"号填列）		
其中：对联营企业和合营企业的投资收益		
净敞口套期收益（损失以"-"号填列）		
公允价值变动收益（损失以"-"号填列）		
资产处置收益（损失以"-"号填列）		
二、营业利润（亏损以"-"号填列）		
加：营业外收入		
减：营业外支出		
三、利润总额（亏损总额以"-"号填列）		
减：所得税费用		
四、净利润（净亏损以"-"号填列）		
（一）持续经营净利润（净亏损以"-"号填列）		
（二）终止经营净利润（净亏损以"-"号填列）		
五、其他综合收益的税后净额		
（一）以后不能重分类进损益的其他综合收益		
（二）以后将重分类进损益的其他综合收益		
其中：其他债权投资公允价值变动损益		
六、综合收益总额		
七、每股收益		
（一）基本每股收益		
（二）稀释每股收益		